PULP THEATRE　　　　　　　펄프극장
KIM KYUNG JU　　　　　　　김경주
BLACK ESSAY　　　　　　　블랙에세이

글항아리

펄프극장

김경주 블랙에세이

PULP THEATRE
KIM KYUNG JU
BLACK ESSAY

8	14	32	40	46
작가의 말	발문	레너드 코언 Leonard Cohen 의 크리스마스 실	카제리니 마리오 Cajereni Mario 의 비키니 옷장	이반 콕 Ivan Coct 의 밍크담요

54	62	72	90	98
앨리스 가이 블라슈 Alice Guy Blache 의 좌약	스톡, 앙리 Stock Henry 의 추잉껌	호세 라 니냐 데 로스 페이네스 José La Niña de los Peines 의 이발소 그림	구스타프 파크 Gustav Park 의 타자기	밥 매커리 Bob McCarey 의 트랜지스터 라디오

108	114	118	122	130
프랑수아 콩피노 Francis Confino 의 병아리	루이스 브룩스 Louise Brooks 의 복각 유성기 음반	칸시온 쿠바나 Cancion Kuubana 의 자개농	해롤드 쿠마 화이트 Harold Kumar White 의 봉봉	카트린 브레야 Catherine Breillat 의 민들레

150
인글 아이
체리
Eagle-Eye
Cherry
의
종이학

154
구아조니
엔리코
Guazzoni
Enricco
의
크레파스

162
존
길버트
John
Gilbert
의
쥐덫

174
실비오
로드리게스
Silvio
Rodríuez
Domíguez
의
통조림

180
롱포드
레이몬드
Longford
Raymond
의
펜팔북

190
드미트리
아르칼제스크
Demetri
Arekaljesk
의
어항

196
바넷
보리스
Barnet
Boris
의
솜사탕

200
필립
카파
Philip
Kappa
의
꼬막

202
미스
룰루벳
Miss
Ruluvet
의
고양이

206
랭던
해리
Langdon
Harry
의
하모니카

224
메닐몽탕
Méilmontant
의
알전구
소켓

228
로버트
런들럼
Robert
Lundlum
의
텐트

236
킹 서니
아데
King Sunny
Ade
의
순정만화

244
페이머스
플레이어즈
레스키
Famous
Players-
Leschi
의
똥봉투

246
헨드린
사토브
Hendrin
Satove
의
물약

250 코베 한스 Kobe Hans 의 목폴라

256 프랑수아 바레 François Barré 의 자물쇠 일기장

260 냇 킹 콜 Nat King Cole 의 술빵

276 올레 올슨 Ole Olsen 의 종이인형

280 듀퐁 Dupont 의 아코디언

284 파울 베게너 Paul Wegener 의 누드화

288 투팍 아마루 Thupaq Amaru 의 뽑기

294 알레산드로 블라세티 Alessandro Blasetti 의 불량식품

300 세바스찬 이라디에르 Sebastian Iradier 의 풍금

304 카를로스 누베스 Carlos Nuves 의 참빗

308 파스트로네 지오반니 Pastrone Giovanni 의 똥차와 소독차

324 오번 이클립스 Auburn Eclipse 의 다락방

330 브로크만 클라이트 Brockmann Clride 의 야광시계

332 빌리 헬보이 Billy Hellboy 의 모빌

334 레이 만 Ray Man 의 원고지

336
윌리엄
드밀
William
Demille
의
재봉틀

340
댄스 밴드
하이라이프
Dans. Band
Hiripe
의
회전목마

348
페르난두
마차두
소아레스
Fernando
Machadu
Soares
의
바이크

360
카프라
프랭크
Capra
Frank
의
롤러스케이트

작가의 말

무기도 농기구農器具도 내려놓고
로켓이 날아가는 하늘을 보기 위해······

1

1969년 멕시코 월드컵 예선전을 치르다가 중앙아메리카의 엘살바도르와 그 옆 나라 온두라스는 전쟁을 하게 된다. 이른바 〈축구전쟁〉이라고 불리는 이 전쟁은(100시간 전쟁이라고도 불린다) 말 그대로 축구를 하다가 전쟁까지 하게 된 나라로 세계사에 기록된 셈이다. 과정을 보면 이렇다. 1차 예선전 온두라스와 엘살바도르전은 온두라스 수도 테구시갈파에서 열렸는데 온두라스 사람들은 엘살바도르 선수들 숙소 앞에서 밤새 소동을 일으켜 선수들이 잠을 못 자게 했고 다음 날 경기에서 엘살바도르는 1:0으로 패했다. 2차 예선전은 반대로 엘살바도르의 산살바도르에서 열렸으며 엘살바도르 시민들은 온두라스 선수들의 숙소 앞에서 전날 소동을 피우고 돌을 던지고 심지어 쥐를 던지기도 했다. 역시 온두라스 선수들은 잠을 자지 못해 다음 날 경기에서 엘살바도르에게 3:0으로 패했다. 그리고 마지막 3차전은 6월 27일 멕시코시티에서 열렸으며

두 나라는 2:2로 비겼다가 연장전에서 엘살바도르가 한 골을 추가해
이겼다. 두 나라는 감정 대립으로 치달았으며 엘살바도르가 외교
단절로 위협했다. 이에 온두라스가 먼저 외교 단절을 선언했다.
두 나라는 다혈질적인 기질을 감추지 못해 결국 전쟁을 일으킨다.
먼저 엘살바도르가 온두라스에 구형 비행기를 동원, 공군 폭격을
가한다. 온두라스도 육군으로 반격을 한다. 1969년 7월 14일 발생한
이 4일 동안의 전쟁으로 인해 온두라스 국경지대에 정착했던
죄 없는 엘살바도르 농민 약 30만 명은 정착지를 잃고 도시 빈민이
되었다. 엘살바도르는 경제적으로 큰 타격을 입은 것이다. 온두라스
또한 정치적 혼란과 경제적으로 큰 타격을 입는다. 전쟁은 주변국의
중재로 4일 만에 끝났지만 두 나라 간 국교 단절이 지속되었다가
1980년 페루 리마에서 평화조약을 체결한다. 이 전쟁으로 4000여
명이 헛바닥을 내놓고 생명을 잃었다.

이 전쟁의 근본 원인은 양국의 국경 문제에 있었다. 두 나라의
국경은 명확하지 않았다. 스페인으로부터 독립한 지 얼마 되지
않은 두 공화정 국가의 자연은 강도 산도 서로의 국경에서 볼 때
분명치 않았던 시절이었다. 민주주의가 아직 뿌리내리지 못했던
두 나라에서는 정치 사회 경제적으로 혼란을 겪어야 했다. 그들은
서로를 추방하는 데 익숙했다.

내가 이들의 축구전쟁 이야기로 책의 서문을 시작하는 이유에 대해
밝힐 시간이 온 것 같다. 이 웃지 못할(?) 전쟁사history에는 숨겨진

에피소드가 하나 더 있다. 바로 이들이 육박전과 포탄을 날리며 전쟁을 치르는 동안 있었던 1969년 7월 21일 오전 11시 56분 20초는 인류 역사상 가장 위대한 순간이라 불리는 지구인이 '고요의 바다'에 착륙하게 된 시간이다. That's one small step for a man, one giant leap for mankind라는 명언을 남기게 된 닐 암스트롱의 달 착륙을 보기 위해 5억 명의 인구가 티브이 앞에 앉아 이 광경을 지켜보았다. (물론 나는 이때 아직 지구에 태어나지 않았다.) 이 역사적인 순간을 놓치지 않기 위해 '축구전쟁' 중이던 온두라스와 엘살바도르의 농민과 군인들 역시, 잠시 무기를 내려놓고 입을 벌리고, 이 광경을 보기 위해 멀리 밤 하늘을 바라보았다는 것이다. 로켓 하나가 뿅! 대기권을 탈출하면서 '지상의 전쟁을 잠시 멈추도록' 했다는 이 기억할 만한 사건은 내게 삶의 팍팍함을 견디는 작은 미소가 되어주었다.

"그래! 잠시 이 전쟁터에서 무기weapon와 농기구walking tool를 내려놓고 골방에서 자신이 만든 우주선rocket이 날아가는 하늘을 보자고…… 국경border 따위도 잠시 잊어버리자고."

2

펫숍 오브 호러즈 pet shop of horros

어느 날 라디오를 틀었다가 우연히 '생활의 법칙'이라는 것을
들은 적이 있다.

첫째, 라디오를 듣다가 우연히 좋은 멜로디와 가사가 들려올 즈음
'아, 이 노래 참 좋다!' 하며 제목이 뭐지?라고 궁금해할 때면 언제나
노래가 끝난다는 법칙.

둘째, 이사할 때 잃어버린 물건은 반드시 다시 이사할 때 발견된다!

마지막으로 전화를 하다가 메모를 하려면 꼭 메모지가 안 보이고,
메모지가 보이면 꼭 필기구가 안 보이고, 메모지와 필기구가 보이면
적을 내용을 꼭 까먹는다는 법칙!

어느 날 라디오에서 들은 이 세 가지 법칙 life Rule은 우연으로도
설명이 안 되고, 필연으로도 설명이 어색한, 어느 사이에도 필적
筆跡을 남길 수 없었던 엉망진창인 삶의 '결'을 돌아보는 계기가
되었다.

그래서 감수성을 빚진 에피소드들을 조금씩 메모해서 겨냥 aim

해두자는 마음으로 '누에 떼silk worm'처럼 어느 곳엔가로 글씨들을
이동시키다보니 여기까지 왔다. 누군가 함께 째려보아줄 수 있으면
더 좋고.

3

2008년 봄, 나는 『펄프키드』라는 이름의 책을 출간했다. 하지만 나는
그 책이 출간된 지 두 달여 만에 곧바로 절판 신청을 했다. 흔하지
않은 출판 관행이었지만 나는 내 돈으로 직접 시장에 나와 있는
책을 거의 구입했고 출판사와 협의 후 남아 있는 재고를 모두 사들여
파지 처리했다. 굳이 변명을 하자면 여러 계약적 정황으로 무엇보다
계획했던 분량을 채우지 못한 채 책이 급하게 나왔고, 원했던 주제의
방향으로 책을 출간하기가 어려웠다. 소통은 늘 어려운 법이다. 이
책의 많은 에피소드는 그 책의 골격을 이루었다. 하지만 밝혀두건대
독자들이여 이 책을 복간의 형태로 보시지 말았으면 한다. 나는
이후 5년여의 시간 동안 거의 모든 원고를 내가 원래 쓰고자 했던
방향으로 다시 다듬었고 책 전체의 방향과 골격을 새로 잡아나갔다.
나는 『펄프극장』이라는 이름으로 내 독자분들에게 새롭게 다가서고
싶다. 연재 당시의 원고를 모두 수정했으며, 새로 추가한 부분은
미발표작 시 몇 편을 포함해 대부분 발표하지 않은 원고다.

독자들이여 찌질한 삶에 혓바늘이 돋으실 때마다 나와 함께 미스터리 페이지mystery page가 되자! 육수肉水는 딴 데 남기고.

4년이 넘는 긴 시간 동안 끝까지 나를 신뢰하고 배려해주신 글항아리 대표님과 이은혜 편집장에게 고마움을 남기고 싶다. 그리고 애정과 연대로 함께하고 있는 〈펭귄라임클럽〉, 〈주성치축구팀〉 멤버들, 〈견자단 핑퐁클럽〉의 대주자인 상우 兄, 리안 형, 〈이리카페〉, 〈스톡홀름〉〈팜팜피아노〉 식구들, 나의 얼간이들 〈낮은코〉 사람들. 마지막으로 항상 내 책의 꼴과 디자인을 맡아주시는 '북더듬이' 김바바님께 감사드린다.

독립잡지 『애로사항』 편집장 씀

2013. 11. 26 in Yri cafe

발문

이 책의 생생한 얼간이스러움이
너무도 사랑스럽다

가끔 사람들은 약속이나 한 듯 내게 이런 이야기를 털어놓는다. "김경주 시인은 생각했던 거랑 아주 다르던데요. 시하고 많이 달라서 놀랐어요." 그에 대한 나의 첫인상도 별반 다르지 않았다. 그는 하루 종일 우수에 차 있거나 세상에 없는 계절을 시도 때도 없이 고민하는 사람은 아니었다. 대신에 그는 인조인간처럼 잠을 안 자고 끊임없이 프로젝트를 만들어내며 시시콜콜한 농담을 즐겨하는 사내였다. 사람들은 인간이라면 누구나 비애와 농담을 함께 머금을 수 있음을 자주 잊는다.

나는 이 책을 읽으면서 그가 사흘에 한 번꼴로 나를 놀리던 기억("힙합 평론을 쓰면서 왜 친한 흑인 친구가 한 명도 없어?")을 떠올리기도 했고, 이별 후유증은 과소비로 버티는 법이라며 2주간 나로 하여금 300만 원을 쓰게 했던 지난여름의 일도 기억해냈다(나는 보통 결혼식에 안 가는 걸로 복수를 하는데 그에게는 소용없는 방법이다). 그만큼 이 책은 장난기로 가득하다. 그러나 이 책이 실은 장난기로는 시시하게 덮어버릴 수 없는 아이디어와 재기, 문장력, 디테일로 가득하다는 사실이 나를

감탄하게 하다가, 미치고 팔짝 뛰게 하고, 끝내는 조금 외롭게
만든다. 외로움을 못 견디고 울면서 달리다가 도깨비방망이를
내리치면 그때마다 이런 책이 내 이름으로 한 권씩 뚝딱 나왔으면
좋겠다.

열등감에 반지하에서 뛰어내리고 싶은 마음을 간신히 억누르고
나는 세상에 선포한다. 이 책은 '본격 얼간이즘 팩션'이다. 진짜는
진짜를 알아보고 얼간이는 얼간이를 알아본다. 이 책은 세상 모든
얼간이에게 어깨동무하는 책이다. 모든 얼간이는 부디 이 책 안에서
휴식하기 바란다. 우리의 집이니까. 책을 읽다보면 나도 모르게
킥킥거리게 되면서 이말년 화백의 웹툰도 다시 꺼내보다가 결국
세상을 구원하는 것은 사소한 것에 대한 과도한 집착과 허황된 상상,
그리고 실없는 농담이라는 사실을 깨달을 수 있을 것이다. 나는
이 책의 생생한 얼간이스러움이 너무도 사랑스럽다.

이런 사람들에게 이 책을 특별히 더 추천한다. 먼저 서자와 동시대를
살아온 이들에게 이 책을 뻔하게 추천한다. 1980년대에 초등학교를,
1990년대에 대학을 보낸 이들에게 말이다. 그러나 저자와 동시대를
살지 않았다는 게 우리 잘못인가? 우리 모친과 부친이 조금 늦장을
부렸을 뿐이다. 그래서 나는 1990년대에 초등학교를, 2000년대에
대학을 보낸 나 같은 이들에게도 이 책을 추천하고 싶다. 나는
우리를 정치인처럼 편가르고 싶지 않다. 이소룡보다는 이연걸이
친숙하고 봉봉이란 걸 타보지 않은 이들에게도 일단은 이 책을
권하고 싶다. 그리고 앞으로 내가 늘어놓는 말들에 공감하거나
실제로 그런 경험이 있다면 당신은 김유신의 말을 탄 것처럼 이 책에

저절로 끌리게 될 것이다. 오태호처럼, 그런 슬픈 예감이 든다.

「건축학개론」을 극장에서 두 번 보고 두 번 다 남이 알아챌 만큼 울었으며, 이 사실을 사람들에게 당당히 말할 수 있다.

남들은 나에게 뻔뻔하다고 하지만
나는 나를 fun!fun!하다고 생각한다.

「진격의 거인」을 보고 가장 기억에 남는 것은 거인의 거대함이나 작품에 감춰진 일본의 야망 따위가 아니라 처음부터 끝까지 오로지 에렌을 지키기 위해 자신의 목숨을 거는 미카사의 순정이다.

왕가위의 영화를 볼 때 큰 가위를 옆에 두고 본 적이 있다.

사람은 주기적으로 허세로 삶을 견디는 시기가 있다고 믿는다.

「러브레터」의 "나는 태연한 척하며 그걸 주머니에 집어넣으려고 했다. 그런데 내가 좋아하는 앞치마에는 어디에도 주머니가 달려 있지 않았다"라는 대사를 신의 한 수라고 생각한다.

'292513'의 뜻을 아직도 찾아 헤맨다.

『안네의 일기』를 읽고 필 받아서 자물쇠 달린 일기장을 구입했고, 매일 일기를 쓰다가 독일군한테 걸리면 의미가 없다는 생각에 접은 적이 있다.

짝사랑하는 여자 앞에서는 어버버하다가 사람들 앞에서는 베이비라고 부르며 으스댄 적이 있다.

「첨밀밀」을 보고 한동안 진가신을 영화의 신으로 섬겼고, 자전거 신에서 장만옥이 앞뒤로 다리 흔드는 장면을 100번 이상 돌려본 적이 있다.

내 이름이 만약 혜민이라면, 혜민 스님에게 "혜민 스님, 제 이름도 혜민이에요"라는 편지를 보냈을 것이다.

인간은 결국 2짱일 뿐이고 1짱은 자연이다.

서재필 박사 같은 안경을 끼고 수염을 길렀으며 긴 코트를 입은 남자를 볼 때면 홍콩에서 보낸 킬러일지도 모른다는 생각에 마음의 준비를 한다.

껌을 맛없게 씹는 사람을 저주한다.

김봉현(얼간이, 힙합&대중음악 평론가)

그것들은 분명
내가 멀리 던진 돌멩이들이었다.
물수제비 skip rock 처럼
통. 통.
수면을 튕겨
건너편에 서 있던 내게로 온 것이다.

물수제비,
물수제비,
물수제비.
……

나는 나 자신을 넘어설 수 없다

梁家輝
Tony Leung Ka Fai
1958~

이 글은 faction 형식으로 쓰여졌다
faction은 fact와 fiction의 결합이다

1980년대에 초등학교를, 1990년대에 대학 시절을 보낸 세대에게
그리고 나의 친애하는 친구들 알렌 긴즈버그, 개리 스나이더,
잭 캐루악 씨에게 우정을.

I AM GROUND

김경주 Kim Kyung Ju

그는 〈야생동물 허용구역〉에서 근무한 적이 있다

그는 〈현관문 롤 방충망〉을 제거하는 일을 한 적이 있다

그는 〈빗물펌프장 사건〉의 주역이었다

그는 〈수영장이 있는 서점〉에서 일한다

그는 〈닭다리 잡고 삐약삐약〉 모임에 가입했다

그의 유일한 친구는 〈노란물탱크 속에 사는 카나리아씨〉뿐이다

그는 설거지하는 엄마의 앞치마를 당겨

    잃어버린 〈로봇다리〉를 찾아달라고 조른 적이 있는 아이였다

그는 〈캔터키 후라이드 클럽 유랑단〉의 마지막 단원이다

그는 〈쇄빙선을 밀어내는 어린 북극곰〉을 떠올린다

그는 누구인가?

Under Poem(미발표 詩)

레너드 코언의 크리스마스 실

Leonard Cohen

poor stamp

레너드 코언 언제까지 그렇게 방에서 크리스마스실을 만들고
있을 거야? 며칠 있으면 크리스마스라고.

사라 베른하르트 코언, 난 크리스마스 날에도 크리스마스실을 만들고
있어야 해. 다음 크리스마스를 준비해야 하니까.

레너드 코언 미쳤어. 이건 미친 짓이라구.
우린 완전히 정신이 나간 거야.

사라 베른하르트 사람들은 크리스마스실을 필요로 해. 그러니까
수요가 있어서 공급이 존재하는 것처럼 우리는
우리에게 주어진 일을 해야만 해.

레너드 코언 실 한 개당 100원을 받고 말이지. 차라리 다른 일을
찾아보는 건 어때? 이를테면……

사라 베른하르트 곰인형 눈알을 박는 일도 지겹다고 그만둔 건 너야.
그건 눈알 하나에 200원씩 줬는데…… 하긴 이제는
경쟁자가 많아서 인형 일감은 더 이상 오지 않을
거야. 네가 그 공장장 베리모어에게 돌을 던지지만

않았어도……

레너드 코언   그 녀석 이야기는 그만해! 그 녀석은 누나에게
일거리를 준다면서 누나의 가슴을 보고 싶어한다고
몰랐어? 지난번에도 일부러 인형 눈알을 직접
나누어주는 척 세면서 하나를 누나 가슴에
떨어뜨렸잖아.

사라 베른하르트   실수라고 사과했잖아. 플라스틱 인형 눈동자는
미끄러우니까 그럴 수 있다구.

레너드 코언   녀석은 음흉해. 그 녀석이 누나를 훔쳐보는
눈동자야말로 플라스틱 같아.

사라 베른하르트   너희 반 학생들도 크리스마스실을 조금씩 사잖아.
크리스마스 무렵에는 크리스마스실이 엄청
잘 팔린다구. 이것만 다 하면 새 일로 돈을
더 받을 수도 있어.

레너드 코언   불우 이웃을 돕기 위해 우리가 만든 크리스마스실을
사는 거지. 우리가 불우 이웃이니까 우리는

크리스마스실을 살 필요는 없지만.

사라 베른하르트   그런 소리 마. 우린 불우하지 않아. 봐, 난 깨끗한
속옷을 입었고 양말에 구멍도 나지 않았어. 게다가
우리 집엔 에메랄드 돌로 만든 사슴인형도 있어.
엄마가 사슴인형이 집에 있으면 절대 불행이
찾아오지 않는다고 했어.

레너드 코언   제길, 행복하지 않을 뿐이지. 사람들이 우리를 뭐라고
부르건 우린 행복하지 않아.

사라 베른하르트   넌 불행하지 않아. 누가 너더러 불행하다고 했니?

레너드 코언   내가 불행하지 않다는 걸 누나가 어떻게 알아?
그건 나도 잘 모르는데.

사라 베른하르트   네가 아침마다 사슴인형 만지는 걸 봤으니까.

레너드 코언   크리스마스실을 만들다가 손끝에 감각이 없어서

	만진 것뿐이야. 창가에 둔 사슴인형은 늘 우리 집에서 가장 차갑거든.
사라 베른하르트	이것만 마치면 내가 자장면을 사줄게. 대신 너희 학교 콕에게는 우리가 이 일을 하고 있다는 걸 말하지 말아줘. 내년 크리스마스 때는 콕과 데이트를 하기로 했으니까.
레너드 코언	알았어. 하지만 이미 전교생이 다 아는 사실일 거야.
사라 베른하르트	정말? 우리 둘이 지난밤에 전봇대 아래서 키스한 걸 안단 말이야?
레너드 코언	하지만 누나가 학교를 그만두었다는 사실은 아직 모를 거야. 그에게 줄 선물은 구했어?
사라 베른하르트	이번 크리스마스에는 만나기 힘들 것 같아. 난 사실 흰 눈이 내리는 날 만나고 싶어. 일기예보에서는 이번 크리스마스에 비가 온대.

레너드 코언 누나가 만들고 있는 크리스마스실을 주면 되겠네.
실밥으로 크리스마스 날 밤에 내리는 흰 눈을 만들고
있잖아.

사라 베른하르트 싫어. 이건 분량이 맞춰진 일거리라고. 그리고
이 실은 우리보다 더 희망을 필요로 하는 사람들에게
가야 해. 우린 아직 젊어.

레너드 코언 가난하면 일찍 늙어. 그래서 우린 이미 많이 삭았어.
콕도 누나의 나이를 제대로 모르고 있잖아.

사라 베른하르트 공장장이 내 젖가슴을 만졌다고 말하진 않았지?
그날 받은 돈은…… 정말 후회해. 후회하고 있다구.

레너드 코언 다음번엔 엉덩이를 만질 거면 차라리 1년 치 돈을
미리 달라고 해. 후회는 누구나 반복하는 거니까
별로 신경쓰지 않아도 된다구.

사라 베른하르트 넌 인정머리 없는 녀석이야. 너한테 다 주었는데도
어떻게 그런 말이 나와?

레너드 코언 히 크리스마스실

레너드 코언   오토바이를 사기엔 아직 턱없이 부족해. 아니면 내가
              그 녀석과 직접 협상해야겠어.

사라 베른하르트 넌 그렇게 살면 후회할 거야. 난 다시 크리스마스
                실이나 만들어야겠어. 좀 거들어주지 않겠니?
                오늘 밤까지 연kite 모양을 100개는 더 만들어야
                한다구.

레너드 코언   조금 줘봐. 난 마리아의 눈물을 만들래.

사라 베른하르트 그런 건 없어 이 바보 자식아. 공장장이 시키는
                디자인만 해야지.

레너드 코언   정말 엄마 말대로 마리아는 우리 친척이 맞을까?

사라 베른하르트 엄마 말은 하나도 믿지 마. 우리에겐 지금까지
                친척 따윈 한 명도 없었어.

레너드 코언   소리 들었어? 꼬르륵…… 물 흐르는 소리……

우리 뱃속에서 나는 것 같은데.

사라 베른하르트   그건 눈이 녹는 소리야. 크리스마스실 속에
우리가 실밥으로 박아 넣은 눈이 녹는 소리야.
난 매일 듣고 있어.

레너드 코언   하긴 곧 봄이니까.
또 졸음이 몰려오기 시작하는군.

레너드 코언 외 크리스마스실
Leonard Cohen

카제리니
마리오
Cajereni Mario
의

비키니
옷장

bikini cabinet

들어가는 문

16세기 러시아에서 이반 뇌제의 주장을 존중하지 않은 사람들은 모자를 쓴 채로 머리에 못이 박혀 죽었다. 방울뱀으로 태어났으면 좋았겠다고 생각한 적이 있는 브루스 리Bruce Lee는 절권도에 관한 책을 한 권 썼는데 그 책은 굉장하다. 그 책은 개미핥기처럼 천천히 핥아먹어야 제 맛이 난다. 동작 하나 하나가 아니라 브루스 리의 표정 하나 하나가 중요하다. 그가 만일 1960년대 우드스탁 페스티벌 Woodstock Festival에 초청받았다면 그는 비키니 복장으로 대중 앞에서 아뵤! 아뵤!를 외치곤 했을 것이다. 카제리니 마리오는 오리털 파카를 입고 이소룡의 무덤에 가는 상상을 자주 해본다. 그가 적을 향해 손가락 하나를 들어올리며 상대를 빈정거릴 때는 정말 오리털처럼 섹시했다. 그는 마누라와 섹스를 한 달에 두 번밖에 하지 않았다고 한다. 믿거나 말거나 그건 브루스 리의 사생활이고 카제리니 마리오는 SF 소설가 아이작 아시모프로부터 부여받은 '작위' 하나로는 돈벌이가 되지 않았다. 카제리니 마리오는 얼마 전까지 '닥터 마틴 부츠'를 신었고 자신과 같은 부츠를 신은 마르고 우아함이 느껴지는 일본 여인을 만나자 비키니 옷장이 있는 자신의 방에 와서 살지 않겠냐고 제안했다.

카제리니 마리오 심심해지면 비키니 옷장에 들어가서
송어낚시를 할 수도 있어.

일본 여인   RM. 그 안에 키친도 있어?

카제리니 마리오   아니. 하지만 네가 원한다면 만들어줄 수도 있어.

일본 여인   난 그 안에서 요리도 하고 싶고, 휴대용 확성기를
          가지고 노래를 하고 싶은데…….

카제리니 마리오   좋은 생각이야.

일본 여인   그런데 비키니 옷장 안에 키친을
          어떻게 만들어줄 거지?

카제리니 마리오   쥐들을 다 쫓아내버리고 옷장 안의 구축함들을
          다른 해안으로 옮겨놓으면 돼.

일본 여인   나는 네 민간인이 되기는 싫은데…….

카제리니 마리오   내가 오케이 목장의 결투만 끝내면 그땐 널

	존 덴버처럼 승격시켜줄게. 비키니 옷장을 바다에 둥둥 띄워두고 그 안에 들어가서 살자.
알본 여인	옷과 식량과 그리고 체스터필드 담배, 맨솔 사탕을 가득 싣고서 말이지.
카제리니 마리오	응. 그래, 그래.

나오는 문

마이클 무어 감독의 「화씨 9.11」을 보고 카제리니 마리오는 비키니 옷장에 들어가서 이불을 씹으면서 흐느꼈다. 기분 내키는 대로 상관의 이름을 부르는 군인처럼 '부시 부시 개부시 Bush Bush dog Bush'를 외쳤다.

서머타임이 되면 롤러스케이트로 해변을 달리자던 친구가 미국USA 에서 전화해왔다.
'지뢰 조심해라.
여긴 지뢰 천지다.'

카제리니 마리오는 『타임포스트』라는 잡지에 공포에 관해
명쾌하고도 격조 높은 기사를 써주고 사랑받는 기자였다. 밤이면
도시에는 치열한 전투가 벌어지는지 창문이 폭발음으로 자주
흔들렸다. 거리엔 종교재판관들이나 경찰들이 곤봉을 들고 KKK
단 같은 분위기를 흘리며 뛰어다니곤 했다. 무릎을 꿇은 채 하늘에
성호를 긋고 울고 있는 사람이 많았다. 우스운 복장이나 플라멩코
옷차림의 사람들을 더는 보기 힘들 것 같다는 생각이 들었다.
카제리니 마리오는 비키니 옷장에 들어가서 맥주를 마시고 폭죽을
터뜨리며 불꽃놀이fire works를 하곤 했다. 헤밍웨이는 스페인
내란이 일어났을 때 그곳에 있었다는데 사람들이 자신의 믿음을
향해 그리고 미래를 위해 의롭게 목숨을 거는 것을 지켜보는 게
행복했다고 한다. 카제리니 마리오는 비키니 옷장에 들어가 있으면
자꾸 자신이 프랑스의 코트다쥐르 지방 근처의 생마르그리트 섬에
와 있는 기분이 들었다. 복싱 선수 파올리노 우스쿠둔과 독일의
헤비급 챔피언 막스 슈멜링의 시합이 있던 1935년 경기가 생각났다.
위엄 있으면서도 거친 모습으로 그들은 사각 Ring을 돌았다.
부모님이 매달 용돈을 비키니 옷장까지 보내주셨기 때문에 카제리니
마리오는 저널리스트가 되거나 사진기자가 돼야겠다고 생각했다.
『뷔Vu』지나 『라이프Life』지 같은 곳에서 일하며 자신이 가장
좋아하는 사진작가인 로버트 카파처럼 행동하며 「쓰러지는 병사」
같은 사진을 찍어서 건네며 '이보세요. 난 정말 최고라구요!'
이렇게 말해보고 싶었다. 하지만 카제리니 마리오는 비키니 옷장에
오래 들어가 살지는 않았다. 잉그리드 버그만이 참가하는 유럽
순회공연티켓이 옷장으로 배달됐고 행사에 참여하고 싶었지만 그냥
전쟁이 끝났으니까. 대신 마리오는 이제 「도시에 생기를 불어넣는

스티커」를 제작해서 공공장소를 돌아다니며 붙이곤 했다. 후에 기자들을 모아놓고 카제리니 마리오는 그 시절을 이렇게 회고하곤 했다.

'난

팅커벨Tinker Bell처럼

비키니 옷장 안에서

반짝였지요.'

* 캐리 스미스의 『이 세상에 메시지를 집어넣는 법』 참조.

카제리니 마리오 Cajereni Mario 비키니 옷장

이반 콕의

Ivan Coct

밍크담요

mink whale blanket

누구에게나 한번쯤 갑작스럽게 첫 키스의 날카로운 순간이 떠오르기 마련이다. 이반 콕에게도 가끔 첫 키스의 순간이 불쑥 출몰(?)할 때가 있다. 키스의 순간보다 키스의 질감이 먼저 떠오르는 것이 하나다. 밍크담요다. 밍크담요. 그 보들보들한 감촉이 기억을 춥지 않게 해주고 있었던 것이다. 이반 콕은 밍크담요 속에서 첫, 키스를 나누었다. 이 사실이 주는 선명함은 첫 키스의 추억보다 밍크담요의 추억 쪽에 더 불이 환하다고 보아야 한다. 대상이 누구인지보다 그 대상과 함께 덮고 있었던 그 담요에 더 후한 점수를 주고 간직해두고 싶은 사물. 이반 콕은 밍크담요 속에서 첫, 키스를 나누었다. 이반 콕은 그해 겨울을 그렇게 환기하고 살고 싶은가보다. 그렇게 믿어주자.

이반 콕은 밍크담요 속에서 키스를 나누기 전에 먼저 몇몇 대화를 나누었다.

둘의 대화는 약 30분간 지속되었으나 시간 관계상 짧게 처리하도록 한다.

이반 콕   넌 밥이 좋아? 꿀이 좋아?

발렌티노 루돌프   당연히 밥이지. 꿀은 너무 달아서 싫어. 하지만

　　　　　　　입천장이 닳았거나 입술이 갈라져서 아플 때
　　　　　　　꿀을 바르면 기분이 좋아. 금방 낫는 느낌이 들거든.
　　　　　　　근데 콕, 그건 갑자기 왜 물어?

이반 콕　　　응, 눈이 오잖아. 창밖을 봐.　　　　　　　※1
　　　　　　　무럭무럭 눈이 자라고 있다구.

발렌티노 루돌프　정말이네, 화이트 크리스마스가 될 것 같아.
　　　　　　　야, 신난다! 근데 여긴 좀 추워.

　　　　　　　발렌티노 루돌프 오들오들 떤다.

이반 콕　　　여긴 교회 예배당이니까. 예배당은 늘 추워.
　　　　　　　내 쪽 담요를 당겨서 좀 더 가져가도록 해.
　　　　　　　새벽예배가 시작되려면 아직 몇 시간이나
　　　　　　　더 있어야 한다구.

발렌티노 루돌프　고마워 콕. 근데 왜 날 여기에 데려온 거지?

이반 콕　　　응, 그건 네가 추워 보였기 때문이야.

발렌티노 루돌프   난 항상 추운데…….

이반 콕   맞아. 넌 항상 날 춥게 하지.

발렌티노 루돌프   네가 왜 추워? 내가 춥지.

이반 콕   하지만 우린 지금 담요 속에 함께 누워 있어.

발렌티노 루돌프   담요가 부들부들해서 너무 좋아.
      하지만 냄새는 좀 고약해.

이반 콕   네 입술이 또 갈라졌어.

발렌티노 루돌프   정말? 난 입술이 자주 트곤 해.
      여긴 바를 수 있는 꿀도 없겠지?

이반 콕   담요 속으로 좀 더 들어와.

이반 콕과 발렌티노 루돌프 담요 속으로 더 내려간다.

발렌티노 루돌프 캄캄해.

이반 콕 하지만 더 따뜻한 느낌이잖아. 아무것도 보이지
않지만 내가 네 옆에 있는 건 확실하다구.

발렌티노 루돌프 맞아. 이제 나는 아무것도 무섭지 않아.

이반 콕 네 입술을 만지고 있는 손이 누구 손인지
넌 보이지 않으니까 두려워할 것 없어.

발렌티노 루돌프 네 눈을 만지고 있는 손이 누구 손인지
넌 보이지 않으니까 너도 두려워할 것 없어.

잠시 고요.

발렌티노 루돌프 윽. 내 입안에 뭘 넣은 거야?

이반 콕   이 세상에서 가장 따뜻한 밍크담요를 넣었지.

발렌티노 루돌프   그렇구나, 난 꿀인 줄 알았는데…… 그래서 그렇게
              따뜻했구나. 한 번 더 넣어줄래?

이반 콕   물론이지. 하지만 이제 네 밍크담요도 노력을 해야
              돼. 담요는 엉키면 더 따뜻해지는 거거든.

발렌티노 루돌프   우리 입안에 있는 담요들이 다 젖기 전에 기도를
              해야 하는 거 아닐까? 하나님이 보고 있는 것 같아.

이반 콕   바보야, 가끔은 끝나고 해도 되는 기도도 있어.
              그리고 우린 이 순간을 잊지 않기 위해 평생 기도를
              하고 살지 몰라.

발렌티노 루돌프   응…….

콕은 몇 년 후 폭설이 내리는 해변의 여인숙에서 밍크담요를 다리에

둘둘 말고 한 장의 편지를 써내려갔다. 콕은 편지지 위에 폭설을 써내려갔다. 폭설이 편지지에 많이 쌓였다. 자신의 편지지 위로 내려준 폭설 속에 콕은 갇혔다. 꽁꽁 언 편지들이 바다 위로 떠내려가는 걸 지켜보고 콕은 눈물이 핑 돌았다. 뜨거운 눈물을 목 안으로 넘겼다. 밍크담요 같은 물결이 천천히 먼 곳으로 떠내려가고 있었다. 콕은 밍크담요를 그 후로 다시는 덮지 않았다.

털갈이 molting

밍크담요는 털갈이를 합니다. 해마다 하죠. 조금씩 조금씩 털이 빠지다가 점점 맨들맨들해지곤 합니다. 아주 번지르르한 윤기를 가진 밍크담요는 시간이 많이 흐른 녀석들입니다. 밍크담요는 가족과 함께 늙어가는 짐승 같은 것이죠.

밍크담요는 장롱 속에서 1년 내내 상당한 공간을 차지하지만 겨울이 되면 역할을 훌륭히 해내기 때문에 누구도 함부로 업신여기진 못합니다. 털갈이를 자주 한다고 해서 강아지들을 내다 버리지 않는 것처럼 말입니다. 밍크담요는 목욕을 시키기도 아주 힘들죠. 한번 물을 먹으면 엄청나게 무거워지기 때문입니다. 빨랫줄에 이놈을 널어놓으려면 적어도 두세 명은 필요하죠. 물먹은 밍크담요는 땟국물을 뚝뚝 바닥으로 흘리며 말라가죠. 하지만 밍크담요를 아무리 열심히 빤다고 해도 털 속에 숨어 있는 벌레들은 어떻게 할 수가 없습니다. 털 깊숙한 곳까지 숨어 있는 벌레들은 대부분 눈빛이 순한 벌레들입니다. 놈들도 털갈이를 자주 하는지는 잘 모르겠습니다. 중요한 건 벌레 때문에 밍크담요를 혐오하거나 배척해서는 안 된다는 겁니다. 우리 몸에 구충이 산다고 해서 그것을 버릴 수 없는 것처럼 말입니다. 밍크담요는 한 마리 짐승처럼 장롱 속에서 가르랑거리며 살던 놈이었습니다. 지금은 멸종되어가는 밍크담요, 밍크담요를 덮고 일가족이 나란히 누워서 천장을 바라보면 그렇게도 많은 야광별이 번쩍이곤 했습니다. 이유를 모른 채 비 오는 날 밤에 이사할 때 짐차에서 툭 떨어지던 밍크담요, 바닥에 떨어져서 젖고 있는 것을 보시면서 아버진 '버리고 가자!' 고 하셨죠. 점점 멀어지면서 눈에 보이지 않을 때까지 바라보던 밍크담요, 짐승처럼 울고 있었습니다.

　　　　　　　　　　　　　언젠가 다시
　　　　　　　　　　　　　　　　그 속에 들어가게 된다면
　　　　　'전기놀이'를 아주 많이 해야지
　　　　　　　　　　　　　　다짐하던.

콕은 어느 날 밍크담요가 이제는 침대축구bed football를 좋아하는 중동지역으로 수출되어 인기가 아주 좋다는 뉴스를 보고 이불 속에서 갸르릉 갸르릉 숨을 쉬었습니다.

앨리스 가이 블라슈의 좌약

Alice Guy Blaché

anal drug missile

　　　　"좌약인데
　　　　　　드셨다구요?"

　　　　"네,
　　　　　먹어버렸습니다."

앨리스 가이 블라슈는 지금 세상에서 가장 무서운 것 중 하나가
좌약이라고 말하려는 것 같다. 당신도 도무지 좌약을 항문에 넣을
용기가 나지 않는 순간이 있었는가, 라고 묻는 것 같다. 좌약을
아래로 넣어야 하는데 먹어버린 경험이 있는가, 라고.

　　　좌약 특전대

앨리스 가이 블라슈는 누가 좌약이라는 말만 해도 공포가 확
밀려온다. 어린 시절의 안 좋은 기억들 때문일 터. 어느 날 버스를
타고 가던 중 좌석에 앉은 어떤 사람이 삼각김밥을 아주 맛있게 먹고
있는데 무의식적으로 '한 입만'이라고 해버렸던 것처럼. 누가 '좌약'

하면 '싫어!'가 그냥 튀어나온다. 앨리스 가이 블라슈가 좌약에
대해 내린 나름의 결론은 이렇다. 공포란 눈에 보이지 않을 때 더
강하다. 그런 점에서 눈에 어느 정도 보이는 불안과는 다르다. 좌약은
공포이고 약물은 불안이다.

좌약은 힘으로 우겨 넣으면 안 된다. 항문에 힘을 빼고 똥꼬 끝에
좌약을 대고 지그시 눌러주어야 한다. 그러면 어느 순간 홀hole로
저절로 빨려 들어가는 느낌이 들 때가 있다. 그때 약간의 힘을
이용해서 지그시 눌러주면 쑤욱 들어간다.

               앨리스 가이 블라슈는
항문이 좌약을 꿀떡!
      삼켜버리는 그 느낌이 싫었다.
           어린 시절
앨리스 가이 블라슈의 아버지는 좌약 신봉자셨다. 열이 날 때마다
먹는 약보다는 밀어 넣는 좌약을 더 신뢰하셨다. 아버지는 치질로
오랫동안 고생을 좀 하셨는데 이 좌약의 효과를 보셨는지 누이들과
앨리스 가이 블라슈 그리고 어머니까지 열만 나면 냉동실에
보관해두신 포탄좌약을 꺼내오셨다.

어머니   어쩌겠니? 네 아버진 군인 출신이라 원래 총알처럼
      생긴 것에 대해 믿음이 강하신 분이야.

아버지   누워라!

앨리스 가이 블라슈는 열이 나면 군말 없이 궁둥이를 까고 앞을
바라보면서 의식이 끝나기를 기다려야 했다. 어떤 날은 베개를 물고
좌약을 받을 때마다 포탄이 똥꼬로 들어가서 배를 타고 심장을
찌르면 어떡하지? 하는 생각으로 밤새 잠을 설쳤다. 아버지는
심지어 집 안의 강아지에게도 이 좌약을 사용하신 적이 있다. 해피
Happy는 툭하면 집을 나갔는데 한 달이나 혹은 몇 개월이 지나 잊을
만할 때면 돌아오곤 했다. 탕자처럼 말이다. 어느 날 해피는 집에
돌아오자마자 끙끙 앓기 시작했다. 밥을 줘도 먹지 않고 열이 높았다.

아버지   가서 좌약 내오거라.

앨리스 가이 블라슈   아버지, 전 좌약 종류를 아직 잘 구분하지 못합니다.
         해열진통용도 있고 변비용도 있고 치질용도 있는데
         어떤 걸 가져올까요?

아버지   음……. 이놈이 의자에 오래 앉아 있어 치질이
         걸렸을 리는 없고 똥도 원래 잘 누던 놈이고. 열이
         높으니 일단 해열용부터 사용하자. 하얗고 앞이
         뭉뚝한 걸로 내오너라.

해피는 임신을 했었던 거다. 해피는 좌약을 받자 쭉 뻗어버렸다.

앨리스 가이 블라슈 Alice Guy Blache 의 좌약

부작용 side effect이 아니라 반작용 counter effect이었다. 해피를 안고 동물병원으로 뛰어가며 울던 앨리스 가이 블라슈는 그날부로 아버지의 〈좌약특전대〉에서 탈퇴하기로 했다. 아버지도 더 이상 가족에게 굴욕(?)을 강요하진 않으셨다.

시간이 흘러 앨리스 가이 블라슈에겐 이런 일도 있었다. 검색창에서 우연히 좌약에 대한 정보를 찾던 중 자신과 흡사한 경험이 있는 한 친구를 본 것이다. 앨리스 가이 블라슈는 곰곰 생각했다. 그 친구도 밝혔는데 나라고 못 밝힐 것 뭐냐? 용기를 내어 앨리스 가이 블라슈는 좌약에 대한 옛 추억을 조합했다.

어느 날 여자 친구가 독감에 걸려서 자취방에 누워 끙끙거리고 있었다.

앨리스 가이 블라슈는 군 시절 취사병의 솜씨를 살려서 오랜만에 점수도 딸 겸, 장에서 바리바리 물건을 산 뒤 그녀의 집을 방문했다. 약국에서 약도 조제해갔다. 앨리스 가이 블라슈는 팔을 걷어붙이고 요리를 하고 집 안도 치워주고 빨래도 해주었다. 곤히 자고 있던 그녀를 일으켜서 약을 먹일 차례가 되었다. 앨리스 가이 블라슈가 약봉지를 여니 좌약 캡슐이 툭! 떨어지는 것이었다. 의사가 처방해준 약 속에 좌약도 포함된 것이다. 앨리스 가이 블라슈는 그 순간 악!

했다. 그녀는 계속 눈도 못 뜬 채 끙끙거리고 있었다. 앨리스 가이 블라슈는 잠시 생각에 잠겼다. 그녀는 자신처럼 좌약에 대한 공포가 별로 없을 것이고 또 나름대로 해열엔 이 좌약만 한 효과가 없다는 생각에 이르렀다.

      앨리스

         가이

            블라슈는

                  그녀를 넘어뜨리고

                           좌약을

실시했다.

끄아~ 그녀는 비명을 지르면서 반항했지만 앨리스 가이 블라슈는 진정시키기 위해 노력했다.

앨리스 가이 블라슈 눈 딱 감고 조금만 참아.
       나라고 마냥 좋아서 이러는 건 아니야.
       금방 열 내리니까 힘 좀 빼봐.

여자 친구는 울면서 계속 반항했다. '변태, 변태 죽어버려. 바보 저리 가.' 하지만 앨리스 가이 블라슈는 그때 가서 알았다. 자신이 수도 없이 받아보았던 좌약을 상대에게 넣어주는 건 처음이라는 걸. 손가락이 자꾸 엉덩이 근육에 밀려서 간신히 넣었던 좌약까지 함께 밀려나왔다. 난감했다.

　　　　　손가락만
　　　　　　　똥꼬 속으로
　　　　　　　　　　빠져버리기를
　　　　　　　　　　　　　　몇 번.

좌약이 삐져나오면 다시 꾹 눌러주고 또 눌러줄 때마다 그녀는 죽을 듯이 입술을 깨물고 버티고 있었다.

앨리스 가이 블라슈　미안해.
　　　　　　　차라리 똥꼬 끝에 살짝 담가두고
　　　　　　　녹을 때까지 기다리자.

겨우겨우 홀로 삽입에 성공한 후 앨리스 가이 블라슈는 그녀를 꼭 껴안아주었다. 그녀는 완전히 녹초가 되어 품에 안겨 있었다. 그 옛날 자신의 모습이 떠오르기도 하고 아버지의 무차별 난사fire at random에 입술을 깨물고 좌약을 받던 어머니며 누이들의 모습이 떠오르기도 해서 앨리스 가이 블라슈는 눈물이 왈칵 나는 것이었다.

그녀는 깨어나자마자 말했다.

여자친구　　그 손가락 입에 갖다 대면 정말 울어버릴 거야.

이 문장은 앨리스 가이 블라슈가 좌약을 받을 때마다 아버지에게 해주고 싶었던 말이기도 하다.

* 포털에서 우연히 연대를 경험한 아이디 '메리 제인의 불운'님과의 우정을 명기한다.

앨리스 가이 블라슈 / Alice Guy Blache / 의 / 좌약

스톡, 앙리의 추잉껌

Stock Henry

chew CHEW

누구나 껌에 관한 추억 하나쯤 없겠는가 싶지만 스톡, 앙리도 껌에
관해선 로이터통신만큼이나 광범위한 데이터를 가지고 있다고
자부한다. 얼마 전 휴일에 방바닥에 누워서 티브이를 보던 중에도
껌에 관한 진풍경 하나를 목격했는데, 디트로이트에서 벌어진
메이저리그 디트로이트 타이거즈 Detroit Tigers VS 시카고 화이트삭스
Chicago Whitesox 경기 중 디트로이트 선수들이 추잉껌을 씹으며
경기를 지켜보고 있는 것이 카메라에 잡힌 것이다. 스톡, 앙리가
좋아하는 네이트 로버트슨, 제러미 본더맨, 마이크 매로스, 저스틴
벌랜더, 알렉시스 고메즈, 잭 마이너가 야구모를 눌러쓰고 일렬로
풍선껌을 불면서 무표정한 얼굴로 경기를 관람하는 풍경이었다.
나중에 기사에서 보니 Big League Chew라는 추잉껌이었다. 나두!
나두! 스톡, 앙리는 그 껌을 어떻게든 구해보고 싶어 미국의 인터넷
홈쇼핑몰 Global Home Product까지 다 뒤져서 구해보고자 했으나
실패했다. 결론은 그건 개네들을 위해 만들어진 껌이라는 것이었다.

맞아!
    그런 게 있지.
          한정판
             !!

껌에 관한 추억의 한정판들

껌이라는 별명

어린 시절 스톡, 앙리가 아버지에게 졸랐던 항목은 참으로
다양했는데 그중에서도 아주 빈번하고 쉽게 얻을 수 있는 아이템이
바로 추잉껌이었다. 굳이 지갑까지 갈 필요가 없는 가격 때문에
아버지는 주머니에 있는 동전 몇 개를 손바닥에 쥐여주시곤 했다.
'삼키면
        안 된다.'
                늘 이렇게 덤을 붙이곤 하시면서 말이다. 스톡,
앙리는 추잉껌을 사서 오물오물 혹은 아물아물 씹었다.

고무를 씹는 기분이 그렇게 좋을 수가 없었다. 단물이 배시시
입안에 감돌고 단물이 빠지면 씹는 맛으로 씹고 씹다가 은밀한 곳에
붙였다가 다시 씹고. 턱이 태권V처럼 단단해졌다.

나중에 스톡, 앙리가 자라서 골목에서 좀 논다는 동네 언니와
오빠들에게 둘러싸였을 때도 제일 처음 들었던 소리가 너 껌 좀
씹어봤냐?였다. 너 언니 오빠 말을 자꾸 씹냐! 이 자식 껌처럼
질기네. 왜 돈을 안 가져와? 마징가들의 불같은 주먹들이 태권V
의 턱을 자주 가격했지만 웬만해서 턱은 부서지지 않았다. 풍선껌,

무설탕껌, 인삼껌 등을 마구 씹어대며 구강 내의 체온과 타액을 적절하게 연화시킨 고무 껌의 속성처럼 스톡, 앙리는 질겼다. 동네를 쉽사리 떠나지 않는 언니 오빠들도 상당히 질겼다. 누이들의 단물도 가끔 빨아먹는 눈치였다. 내 주먹이 니들보다 커지기만 하면 두고 보자! 몇 년 후 실제로 스톡, 앙리는 그들보다 더 억세고 질긴 동네의 언니 오빠가 되어 있었는데 유향乳香이 거리에 마구 풀어대는 어느 초저녁 만화방에서 스톡, 앙리는 그들을 우연히 보게 되었다. 스톡, 앙리는 그즈음 쥬시후레시juicy fresh에서 스피아민트spearmint로 바꿔서 씹던 무렵이었다. 스톡, 앙리는 길거리 농구팀을 하는 친구들 사이에서 드리블dribble을 할 때 몸의 탄성이 고무처럼 훌륭하다는 소리를 곧잘 듣곤 했다. 가방에 공구를 넣고 다니던 공고 다니는 친구들은 후레시민트를 주머니에 꼭 몇 개씩 넣고 다녔다. 만화책을 내려놓고 스톡, 앙리는 언니 오빠들에게 다가가서 물었다.

　　　　　　　　　　　　　　　　　　　　　　　"내 턱이 음식을 씹었던 것을
　　　　　　　더 많이 기억하고 있을까요?
　　　　　　　　　　　　　　　당신들한테 맞았던 순간을 더 많이 기억하고 있을까요?"
　　　　　　　　　　　　　　　　　　　"그 글쎄…… 자알 모르겠는데……."

바로 지난주까지도 울분을 참지 못하며 억울해하던 포머 에리히와 로맹 구필이 만화방 문을 드르륵 닫으며 말했다.
　　　　　　　　　　　　　　　　　　　　"망 봐줄게.

잘근잘근

씹어버려."

스톡, 앙리는 언니 오빠들을 만화방 벽에 붙여놓았다. 껌처럼 누르면 누르는 대로 주먹의 탄력spring bounce이 몸속으로 푹푹 들어갔다. 별명이 붙은 껌은 정말로 질긴 법이다.

한겨울 골방에서 껌 씹기

스톡, 앙리에게도 양아치 생활을 청산하고 한참 문학에 열을 올리던 시절이 있었다. 딱히 문학이라고 표현하면 무색할 정도로 무모하고 아리따운 열정이었지만 대학에 들어간 스톡, 앙리는 닥치는 대로 책을 읽어대기 시작했다. 몇 번의 대입 실패로 스톡, 앙리는 낭패감에 젖어 살던 일을 청산하고 이제 자신의 인생에도 제대로 된 밑줄 좀 그어가며 살아보자는 심사가 생겼던 것 같다. 첫 번째 입시 때 1교시엔 조교사 스님의 커닝을 도와주었고 2교시 때에는 조직의 식욕과 생계를 담당하기 위해 이번엔 삼류 대학에라도 꼭 가야 한다는 아무개 주먹형님을 도와주었다. 3교시 때엔 쉬는 시간에 담배를 너무 피워대서 머리가 아파 한숨 자버리는 바람에 종쳤다. 4교시 때에는 그냥 나왔다. 다음 해에도 스톡, 앙리는 재수학원을 다니면서 열심히 풍선껌을 씹었다. 그땐 이브eve를 즐겨 씹었다. 입시 전날 친구들은 그동안 고생했다며 새벽 4시까지 소주를 사주었다.

다음 날 깨어나보니 10시 20분. 1교시가 거의 끝나갈 즈음이었다. 빽차(경찰차)를 타고 달려가서 시험을 쳤다. 그러니까 주종목 '모국어'를 버리고 2교시부터의 성적을 가지고 또 대학 시험을 친 셈이다. 다음 해는 지면상 생략하겠다. 어렵게 대학에 들어와보니 스톡, 앙리는 세상이 하늘로 올라가는 풍선처럼 참으로 샤방샤방하다는 것을 느꼈다. 그중에서도 아카시아 CM송의 아가씨를 발견한 건 대단한 행운이었다.

        아아 아가씨,
              어찌 그리 예쁜가요.
                       드디어 그
CM송 가사에 나오는 아가씨를 발견한 것이다. 글쓰기는 그렇게 연애편지로 시작되었고 여물지 않은 문장과 단어들은 밤마다 수액을 질질 흘리곤 했다.

친구   아가씨 앞에선 웬만해선 껌 씹지 말아라.

앙리   왜? 하나 건네주고 어디 가서 같이 껌이나
            씹자고 하면 안 되는 거야?

친구   음 그건 아가씨 턱 상태를 좀 보고 생각해봐.
            너처럼 많이 발달한 턱이면 좀 부담스럽지 않을까?
            그만 발달하고 싶을 테니까.

불알친구 포머 에리히가 거들었다.

포머 에리히   여자는 사각턱보다는 계란형을 선호한다잖아.

앙리   그녀와 껌처럼 함께 붙어다니고 싶어.

스톡, 앙리는 그해 가을 드디어 아카시아 아가씨에게 달려가 아끼던
아카시아 껌 한 통을 손에 쥐여주고 달아났다. 스톡, 앙리는 그것
말고는 이빨에 낀 껌 찌꺼기처럼 아무것도 보여줄 것도 줄 것도
없었다. 그러곤 그해 겨울 스톡, 앙리는 골방에 앉아 이런 다짐을
하고 있었다.

아교처럼 살아남자. 세상을 씹어주마. 세상 끝까지 늘어났다가
돌아올 거야. 이 연애가 이 세상에서 가장 질긴 지독이 될 테니까.
7년간의 짝사랑이 서막을 올리던 무렵이었다. 누워서
천장을 바라보며 단물이 다 빠진 껌을 몇날 며칠 씹으면서
울컥울컥거리면서 이빨을 꽉 물던 기억은 나중에 스톡, 앙리 문학의
민트향 나는 주원료가 되었다.

20년 동안 책상에 붙어 있는 껌

씹는 일은 인간의 가장 기본적인 욕망이다. 하지만 예부터
우리나라는 씹는 기호에 다소 거부감을 나타내곤 했다. 대감들이
보기에 그런 짓은 합성고무들이나 하는 짓처럼 보였나보다. 하지만
나름 역사서를 들춰보아도 그들은 상당히 여러 가지를 씹고 살았다.
동남아시아나 인도, 고대 그리스가 야생열매를 기호품으로 씹으면서
부드럽고 폭신한 천연수지의 수피樹皮를 입안에서 즐기는 동안
우리나라 대감들은 서로를 씹거나 안 보이는 데서 세상을 열심히
씹었던 기록이 많다. 물론 치클고무가 생산되지 않는 나라였으니까.
고대부터 치아 청결이나 구취 제거를 위해 유향나무의 달콤한 진을
씹는 습관은 못 만들어졌지 싶다. 때문에 씹는 음식도 많이 없었고
제1, 2차 세계대전의 주역도 아니어서 군인들에게 초조함을
달래라고 추잉껌을 배급하는 일도 없었을 것이다. 하지만
오늘날까지도 우리나라 대감들은 추잉껌을 씹는 일에 대해 전혀
관심이 없다. 여전히 인간이 분비하는 관계에만 머물러 자신들의
입안에 담긴 무기물을 뱉어놓으며 자신들의 생태계를 씹는
데에만 정신이 팔려 있다. 국회의원들이 토론 전에 서로에게
추잉껌을 돌리며 희죽 웃는 풍경을 살면서 볼 수 있을지 모르겠다.
야구선수들은 잘하잖아. 그러면서도 기회를 번갈아 주면서
우수한 개체를 접붙여 끊임없이 라운드를 유지해가잖아. 1956년
해태제과에서 우리 기술로 처음 풍선껌이 생산되었을 때 나라의
대장(?)들은 코웃음을 쳤다고 한다. 아마 피자나 스파게티가 처음
출몰했을 때처럼 그건 양놈들이나 좋아하는 음식이지 우리한테

맞나? 이런 식의 반응이었을 것이다. 그들이 주위 눈치를 본다거나 어설프게 착종된 엄숙주의 때문에 씹는 일의 진짜 즐거움을 모르고 지금까지 살아왔다면 안타까운 일이 아닐 수 없다. 하긴 그들에게도 이제 세단Car에 두고 가끔 한 알씩 깨물어 먹는 자일리톨은 있다. 어찌되었건 입 냄새는 끝까지 감추어야 할 테니까. 스톡, 앙리의 고향에는 20년 동안이나 썼던 책상이 하나 있다. 그 책상 아래에는 소년 시절 스톡, 앙리가 붙여놓았던 아카시아Gum가 여전히 붙어 있다. 아카시아Gum는 향을 잃었지만 죽진 않았다. 비슷한 시기에 붙여놓았던 코딱지들은 다 떨어져 나갔지만. 아카시아는 스톡, 앙리가 세상을 처음으로 야물게 깨물려고 했던 흔적들을 고스란히 감춘 채 시간을 견디고 있다. 메이저리그의 선수들이 긴장을 감추기 위해 무표정한 얼굴로 껌을 씹고 가끔 어이없을 정도로 모양새 없는 풍선을 후 불다가 입 주위에 툭 터뜨리는 것을 볼 때면 스톡, 앙리는 생각한다. 여유란 저런 것이지. 세상이 아무리 저 혼자 긴장해도 나는 계속 추잉껌을 씹고 살아야지. 씹는 일에 더 이상 익숙하지 못할 때 나와 함께 침묵해줄 수 있는 아카시아 아가씨를 하나 구하자. 추잉껌이라고 불러도 좋고 추잉껌이라고 써도 좋다. 추잉은 떨어지지 않은 채 어디든 붙어먹는 껌이어도 좋고 추잉은 흥얼거리면서 전장에 임하는 껌일 테니까. 20년 동안 책상 아래 붙어 있는 스톡,

   앙리의 껌은

     퐁퐁물cleanser로도

        안 된다.

           안 떨어진다.

71

스톡,
옹달
Stock
Henry
의
쾌약

호세 라니냐
데 로스 페이네스
의

José La Niña de Peines

이발소
그림

barbershop sexy painting

호세   아버지 저는 이다음에 자라서 어른이 되면
　　　　이발소 의자에 등을 기대고 누워서 멋지게 콧수염을
　　　　다듬고 싶어요.

아버지　그래 얘야. 그거 좋은 생각이구나.
　　　　아버진 그때까지 구레나룻을 열심히 기를 테니
　　　　넌 먼저 겨드랑이 털을 열심히 기르도록 해라.

요즘 들어 호세 라니냐 데 로스 페이네스에게 부쩍 드는 생각 중
하나가 나이를 먹으면서 드나들기 힘들어진 곳이 이발소라는
점이다. 어릴 적만 해도 머리를 깎기 위해서는 당연히 이발소를
찾곤 했지만 언제부터인가 미용실이 그 자리를 대신 차지해버린 것
같다. 연세 많이 드신 분들이야 아직까지 이발소가 더 친근하겠지만
서른을 훌쩍 넘긴 남성들만 해도 일부러 멀리 있는 이발소를
찾는 일은 거의 없다고 해도 과언이 아니다. 호세 라니냐 데 로스
페이네스는 어릴 적 아버지와 함께한 '친환경 추억 eco-environment home'
을 더듬기 위해 일부러 이발소를 찾곤 하지만 그럴 경우 십중팔구
스타일은 포기하는 위험을 감수해야 한다.

파마약 냄새가 진동하고 아주머니들이 파마머리를 우주인처럼
동그란 열통에 넣고 부풀리면서 수다를 떨고 있는 미용실 문을
열고 들어가는 것보다, 이발소 문을 시원스럽게 열고 들어가는

호세 라니냐 데 로스 페이네스　José La Niña de los Peines　이발소 그림

것이 더 어려워진 것이다. 물론 호세 라니냐 데 로스 페이네스는
어머니를 따라 미용실에 가서 여성잡지들을 뒤적거리며 란제리lingerie
사진들을 감상하는 것도 재밌었다고 기억한다. 하지만 아버지와
함께 나란히 이발소 의자에 머리를 기대고 앉아 침묵으로 거울을
응시하며 서부 시대의 두 사내처럼 자신을 멋쩍게 바라보던 풍경은
그런 재미들과는 다른 것이었다. 한마디로 어른이 된 기분이었고
고추에 삐죽삐죽 잡초들이 나기 시작하면서부터는 미용실의
알뜰살뜰한 수다를 못 들은 척 잡지들을 넘기고 있는 것보다는
이발소의 과묵함이 좀더 있어 보였다고 느꼈다. 아님 말고.

호세 라니냐 데 로스 페이네스의 이발소 추억이야 어떻게 버무려져
있건 이발소가 사라지고 보기 힘든 공간이 되어간다는 사실은
가슴 아픈 일이다. 이발소에 대한 사회적 시선도 극히 양비兩非를
이루는 것 같은데 호세 라니냐 데 로스 페이네스처럼 이발소에 대해
아직까지 따뜻한 유성meteor들을 품고 있는 사람이 있는가 하면,
이발소=퇴폐영업소의 공식을 갖고 있는 주위의 반응만 탐색해도
그것이 무엇을 뜻하는지 금방 알 것 같다. 한데 그것도 조금만
섬세하게 들여다보면 서글픈 구석이 있기는 하다. 단순히 머리만
깎아주는 실용의 차원을 넘어서 젊고 싱싱한 친구들의 스타일까지
코칭해주는 방식으로 진화해가는 현대 미용실의 서비스 목록을
갖추지 못한 채, 동네 구석에 그저 '머리 깎기+면도'의 방식을
고집하며 빠른 속도로 퇴출되어가는 이발소들의 생계망이라는 것이
머리 깎아주고 원하면 안마도 해주고 '더 원하면 원하는 데까지as you

wish' 해주겠다, 뭐 이런 건데, 거기까지 가야 했던 눈물겨운 이발소 생계의 궁색이 보이는 것이다. 궁리가 궁색을 낳은 셈인데 대놓고 비난하게 되는 것이 아니라 가만히 보고 있자면 좀 촌스럽고 유화油畫적인 이발소 그림처럼 아련해지는 것이다. 우리 아버지가 여전히 그런 이발소를 다니시고, 당신들의 아버지가 그런 이발소에 드나들고 있다는 사실을 감안하면 그들이 거기서 머리를 깎건 뭔 짓을 하건 간에 이발소가 맞닥뜨린 위기는 뭔가 심상치 않은 사회의 비련을 보여준다. 사람들은 '골목 상권 전멸 직전'이라는 말을 쓰지만.

가끔 호세 라 니냐 데 로스 페이네스는 생각한다. 오락실이나 만화방에 다닐 나이도 지나버린 아버지가 허름한 이발소 의자에 누운 채 늙은 아주머니에게 안마를 받고 있는 풍경을. '아버진 이제 추물이 되어버렸어.' 이렇게 함부로 떠들 수 있는 남성들에게도 얼마 못 가 이발소를 드나들기 힘들어지는 시기가 올 것이라는 것도.

그건 뭘까? 적절한 비유일지 모르겠으나 어쩌다 연예인이 가십거리가 되거나 스캔들이라는 것에 휘말려 공인적 자세니 뭐니에 오르내릴 경우, 십중팔구 대중의 무의식엔 자신이 연예인보다 도덕적으로 우월하다는 심리가 깔려 있지 않은가. 지금은 이발소에 가지 않지만 대한민국 남성들이 다시 이발소를 찾을 수밖에 없는 순간에 대해, 그 미량의 퍼센트를 차지할 남성들의 비의를 여기 기록해두기로 한다.

호세 라 니냐 데 로스 페이네스 | José La Niña de los Peines | 의 이발소 그림

이발사의 마지막 회중가위 barber's scissors

도쿄Tokyo에 가서 몇 대에 걸쳐 장인정신으로 버티고 있는 이발소들이 아주 멋지게 골목에서 위풍당당함을 떨치고 있는 것을 본 후 호세 라니냐 데 로스 페이네스는 눈물이 왈칵 솟았다. 그건 어쩐지 이 세상의 갈 곳 없는 쓸쓸한 마초macho들의 보금자리 같기도 했고 촌스러운 유화들이 걸려 있던 이발소 그림의 물감이 호세 라니냐 데 로스 페이네스 생의 어떤 지점으로 천천히 번지고 있다는 느낌 때문이었던 것도 같다. 호세 라니냐 데 로스 페이네스는 어느 날 술자리에서 시골의 한 목공소에서 일하던 후배와 함께 이발소에 관해 이야기를 하던 중 그 후배가 알던 어느 장 이발사에 관한 이야기를 들은 적이 있다.

이발사   손이 떨려 더 이상 가위를 잡을 수가 없어.

호세   문을 닫을 생각이에요?

이발사   사람들의 귀를 자꾸 잘라먹는다고.

호세   몇 번이나 실수를 하셨는데요?

이발사   처음엔 손님에게 미안하기도 했지만, 무엇보다 자존심이 엄청 상했지. 예전엔 눈 감고도 귀때기

	위치 정도는 머리통 한번 만져보면 알 수 있었으니까.
호세	에이, 누구나 실수는 하는 법이에요. 귀를 비닐봉지나 손에 들고 집에 가야 하는 경우만 없다면야.
이발사	요즘은 매일 잘라먹어.
호세	매일요?
이발사	응, 매일 싹뚝.
호세	정말 싹뚝?
이발사	며칠 전엔 손님한테 싸대기도 맞았어.
호세	귀가 남아나질 않겠군요.
이발사	그전에 관둬야지.
호세	그놈의 귀만 없으면 이발은 참 쉬울 텐데…….
이발사	그러게, 사람들에게 귀만 없다면 몇 년은 더 해먹을 텐데…….

호세 라니냐 데 로스 페이네스
José La Niña de los Peines
의
이발소 그림

이발사   ……

호세   추억이 많으시잖아요…….

이발사   나 때문에 마누라는 평생 미용실 못 갔어.
              내가 다 깎아주었지.

호세   고집쟁이. 파마는 다른 분야잖아요.

이발사   난 여자는 커트머리가 짱이라고 생각하네.
              좋았다구.

호세   물건들은요?

이발사   다 버릴 거야. 이제 내 손에서
              익숙해지지도 못하는 것들인데 뭘.

호세   다른 방법을 생각해보시죠.

이발사   내 머리도 못 깎는다.

호세   그럼 앞으로 제 머리는 어떻해요?

이발사   미용실 가.

호세	싫어요.
이발사	네 귀도 보장 못 해.
호세	미용실에서는 머리를 감겨주면서 간지럽게 자꾸 귀를 만진다구요.
이발사	허허, 거참 민망하고 간지럽겠군.

이발소는 이제 박물관이 되어갈 것이다. 이발소 풍경이 박물이 되어가듯이. 노장 이발소는 헐값에 이발소의 모든 물건을 내어주고 자신이 평생 사용하던 회중가위 하나만은 버리지 못하겠다며 챙겼다고 한다. 호세 라니냐 데 로스 페이네스는 이발소 영감이 어느 날 고독 때문에 그 가위로 자신의 귀를 자르는 일이 없기를 바랐다.

"나는 이발소 달력에 있는 수영복 모델을
트럭 옆자리에 태우고 콧수염을 만지며 멕시코로
가고 싶었다."

- 라니냐 데 로스 페이네스의 일기 중

호세 라니냐 데 로스 페이네스 | José la Niña de los Peines | 의 이발소 그림

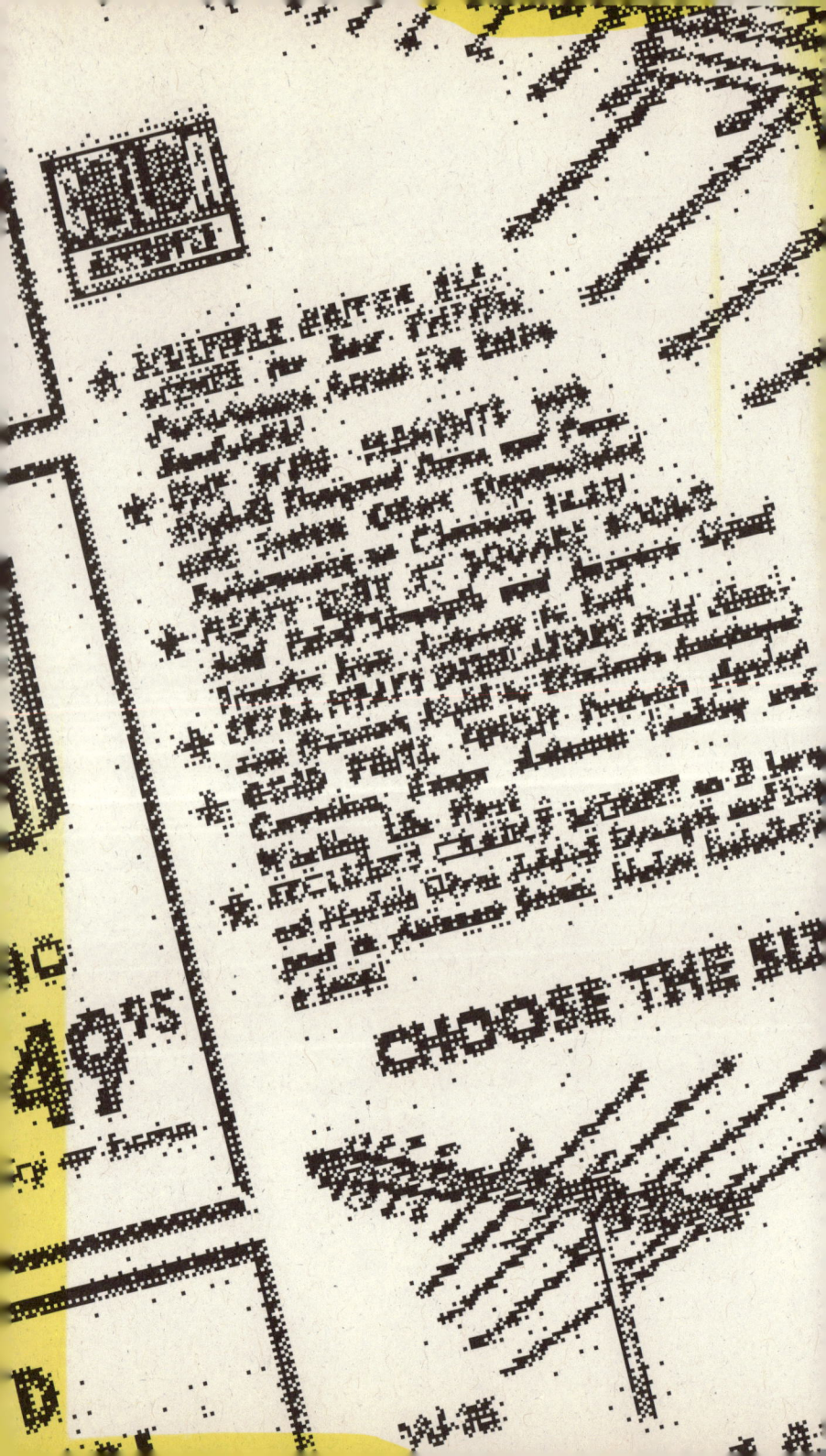

구스타프 파크의 타자기

Gustav Park

typerwriter–old keybord hammer

Underwood Typewriter

타자기는 강렬한 비트를 자랑한다. 사운드 없는 영화는 있어도
(언젠가 본 코엔 형제 감독의 영화 「노인을 위한 나라는 없다」에선 음악 자체가 없었다)
사운드가 없다면 타자기는 타자기가 아니다. 소리 없는 타자기를
사용하면 글을 쓰다가 비명횡사할 확률이 크다. 타자기로 글을 한번
써보고자 할 때 먼저 우리끼리 새끼손가락 걸고 해두어야 할 합의가
하나 있다면 그건

    '적막해서
        나는 무엇인가를 친다'는

느낌의 규약이다.
    아니면
      말고.

사운드는 대체로 두두두두dudududu, 이거나 드드드드dededede, 이거나
팅팅팅팅tingtingtingting, 에 가까운 소리를 낸다. 스태미나stamina가
떨어지면 두두두두는 둘둘둘둘이 되고, 드드드드는 들들들들이 되고,
팅팅팅팅은 탱탱탱탱이 된다. 그건 타자기의 발음이라고 생각해도
무방하다. 타자기는 두드리는 자의 성격을 닮아가기도 하는데
바이크의 타이어나 브레이크를 길들이는 것처럼 타자기도 어떻게

구스타브 파크 Gustav Park 의 타자기

길들이느냐에 따라 문장은 아우토반이 되거나 시골길이 된다. 트랙터tractor를 거칠게 몰고 가는 느낌을 상상할 수도 있고 미싱이 몰고 가는 실밥을 박아대는 느낌을 상상할 수도 있다. 단어들을 종이 위에 박아가면서 미는 힘은 타자기만의 능동인데 타자기로 글을 써본 사람은 이 아드레날린을 안다고 믿는다. 단어를, 문장을, 쉼표와 마침표를 턱턱 밀고 나가는 느낌. 하지만 그 촌스럽고 풀풀한 느낌 때문에 키보드를 사용하지만 타자기를 동경했던 사람들도 대부분 일주일을 못 가서 이놈을 포기한다. 사람들은 말한다. '나는 불편해서 못 쓰겠어.' 맞다. 불편하다. 타자기가 편한 적은 한 번도 없었다. 아날로그는 원래 조금 따분하고 불편한 게 많은 것이 사실이다. 이를테면 엄마, 아빠, 가족사진처럼.

하지만 그 불편함 때문에 타자기를 고집하는 종種이 있다. 지금이 어떤 시대인데 타자기 타령이냐고 물으실 생각인가? 타자기가 많이 보이지 않는 시대이지만, 타자기가 완전히 사라진 시대는 아니다. 타자기가 이제는 생활품이 아니라 낭만으로 봐주어야 할 전리품이라면 타자기 예찬은 다소 개인적인 고집에서 턱걸이를 해야 할 것 같다. 그럼에도 불구하고 구스타프 파크는 타자기는 인류가 쇳덩이로 만든 것 중 최고의 영장류에 가깝다고 생각한다.

생체병기 타자기 生體併記 typewriter

불편한 진실을 이야기할 때 꼭 필요했던 게 타자기였던 적이 있었다. 이 세상에 참으로 불편한 게 많아서 속내를 자신의 '언어'에게 완전히 들키고 싶을 때 파크는 타자기를 잡았다. 1할 2푼 8리. 타율은 늘 형편없어도 대충 글감바느질은 배웠다.

도루는
기본이고.

타자기는 에반게리온처럼 생체병기記다. 가고자 하면 가고 멈추고자 하면 멈춘다. 물론 고집도 세서 가고자 할 때 안 가고, 멈추고사 할 때 멈추지 않기도 한다. 연애를 하듯 타자기를 자기 언어정원에 가꾸는 자가 글을 쓴다. 연애를 밀고 나간다. 타자기 사용법은 부품과 명칭을 아는 것이 가장 중요하다. 가늠쇠, 가로줄 안내자, 여백 맞추개, 타력 맞추개, 줄 사이 맞추개, 마음대로 줄 사이 맞추개, 나르개 자물쇠, 줄 바꾸개, 갈매기 걸풀쇠 표지판, 윗글자 걸쇠, 갈매기 걸풀쇠, 사이 띄우기판, 더 찍기쇠, 글쇠 등등 타자기 생태계에 입문하고자 한다면 이것들이 당신의 몸에 익숙해질 때까지 익혀야 한다. 특히 리본 감는 법. 글을 쓰기 위해

'리본'을 잘 감아야 하는 불문율 unwritten rule 은

구스타프 파크 의 타자기 Gustav Park

이 세상에서
　　　　타자기를 사용할 때뿐이다.

그것을 타자기를 사용하는 종족의 계율이라고 불러도 우리는 이
땅에서 처벌받지 않는다. 파크의 엄마는 아빠를 만날 무렵에도
사무실에 앉아 업무보조를 하면서 타자기를 치고 있었다. 파크의
아빠도 매일 사무실에서 타자기를 치면서 살았다고 했다. 연애에
있어서 엄마는 초벌식이었고 아버지는 2벌식이었다. 타자기와
인연이 있어야 한다고 어른들은 말한다. 파크는 그것이 정확하게
무엇을 뜻하는지 알고 있다고 생각한다.

타자기는 언어와 언어가 만나도록 그 인연을 돕는다. 타자기로
인연을 잘 맺어주고 시대에 근사하게 남았던 작가도 많다. 타자기는
언젠가는 헤어지거나 별거의 대상이 되지만 이별의 대상은 아니다.
타자기는 나이가 들수록 멋지고 시간이 흘러도 잉크만 먹으면
성대가
　　　　우렁차다.

타자기는 툭하면 쌤통이다. 고장이 잘 나기 때문이다. 파크는
수백 통의 연애편지를 타자기로 쳤지만 한 번도 오타나 탈자 없이
고결한 상태로 보낸 기억이 없다. 아무래도 그땐 정서에 충실한
시간이었으니까. 요즘은 타자기를 쓰는 사람이 거의 없기 때문에

매물로 치면 고가高價가 되어버렸고 골동품 시장이나 명품숍 같은
곳을 기웃거려야 구할 수 있다. 커피숍이나 팬시를 지향하는 점방의
진열대에 가끔 못난 모습으로 고덕전리품이 되어 있기도 하다.
파크가 타자기를 처음 사용해본 건 초등학교 2학년 무렵이었다.
아버지가 집에서 타자기를 자주 두드렸기 때문이다. 아버지가 무슨
대단한 학적 임무를 띠었거나, 뒤늦은 글쓰기에 대한 야망 때문에
타자기를 두드리는 게 아니라는 것쯤은 금방 알 수 있었다. 아버지는
밤늦게 시작해서 새벽까지 타자기를 두들겨댔다. 아버지는 담배를
물고 타자기를 쳤다. 타들어간 담뱃재가 바닥으로 덜렁, 떨어지려고
할 때쯤 아버지는 한 번씩 인쇄 상태를 확인하셨다. 물론 줄이
바뀌며 다음 줄로 넘어갈 때 핀이 흔들리며 내는 팅~ 하는 소리도
들을 수 있었다. 대체로 아버지의 타자기가 내는 소리는 타 타 타 타,
와 비슷했다. 파크의 아버지가 셜록 홈스처럼 인상을 쓰고 종이에
치는 것들은 대강 이런 것이었다.

피의자신문조서

성 명: 파 크
주민등록번호: 760**4-1550***
위 사람에 대한 **폭력** 피의 사건에 관하여 **아무개** 검찰청 **092** 호 검사실에서
검사 **아무개** 는(은) 검사주사(보) **아무개** 를(을) 참여하게 한 후, 아래와 같이

구스타프 파크 Gustav Park 의 타자기

피의자임을 틀림없이 확인하다.

문 : 피의자의 성명, 주민등록번호, 직업, 주거, 등록기준지 등을 말하시오.
답 : 성명   구스타프 파크
   주민등록번호   760**4-1560***
   직업   타이피스트 typist
   주거   너라도 해도 까불면 유사시 맞으리 778번지
   등록기준지   언어
   직장 주소 :   언어의 바깥
   연락처 :
   자택전화 :   휴대전화 :
   직장전화 :   전자우편 email :

검사는 피의 사실의 요지를 설명하고 검사의 설명에 대하여 형사소송법 제244조의 3에 따라 진술을 거부할 수 있는 권리 및 변호인의 참여 등 조력을 받을 권리가 있음을 피의자에게 알려주고 이를 행사할 것인지 그 의사를 확인한다.

파크의 아버지는 형사반장이었다. 아버지께서 자신의 조서를
쓸 날이 올 거라고는 한 번도 생각하지 못했다. 아버지는
쪽팔려하면서도 냉정하고 비장하게 파크 앞에서 타자기를
두들겨댔다. 파크는 아버지를 아버지라고 부를 수 없었고 파크의
아버지도 아들을 아들이라 부르지 않았다. 파크의 친구들은 술이
깨자 다시는 길바닥에서 깍두기를 만나도 뒤집어놓지 말자고

다짐했다. 파크는 며칠간의 구류 후 태어나서 처음으로 공식적인 합의를 해보았다. 합의란 교과서에서 배운 대로 합리적인 것이 아니고 기분이 상당히 불편한 것이구나라고 생각했다. 파크는 아버지에게 자신이 달려온 생의 속도를 처음으로 미안해했다. 먼지 낀 타자기를 안고 창밖의 풍경을 바라보면서 무언가 비장미를 느낀 것은 한참 후의 일이었는데 아버지가 퇴임 후 가지고 나오신 유일한 물건인 그 타자기를 발견하고 나서였다. 수많은 죄와 벌, 형식과 연민과 고통과 어긋남 그리고 자신의 죄까지도 고스란히 기억하고 있는 그 타자기를 사용하자고 마음먹은 것은 멋진 생각이었다. 아버지는 퇴임 후 컴퓨터를 배우기 시작했다. 파크는 책상 위에 그 타자기를 올려놓고 먼지를 후~ 불었다.

두드려라
그러면
열릴

것이다.

    knock the door and will open

구스타브 파크 의 타자기 / Gustav Park

//

밥 매커라의 트랜지스터 라디오

Bob McCarla

transistor radio

펄프극장

"악셀 와펜도르프를 처음 발견했을 때 놈은 자기 자취방에서 입을 벌리고 무언가를 꾸역꾸역 토하고 있었어. 눈이 반쯤 뒤집힌 채 의식이 가물가물해 보이더군. 눈동자 속에서도 거품이 나오는 것 같았다구. 가까이 가보니 입안에 부글부글거리는 거품과 함께 이상한 고깃덩어리들을 토하고 있더라구. 그것들이 꽁치통조림 속에 담겨 있던 꽁치들이라는 것을 알아채는 건 어려운 일이 아니었어. 바로 옆에, 아니 온 방 안에 빈 꽁치통조림 통이 널려 있었거든. 뭐야! 악셀 와펜도르프! 꽁치를 먹다가 죽어버린 거야? 난 속으로 이렇게 생각하면서 우선 창문을 활짝 열었지. 생선 냄새 때문에 숨을 쉬기가 곤란했거든. '물론 아직 녀석이 죽었다고 생각하긴 싫었지. 악셀 와펜도르프는 꽁치처럼 바닥을 툭툭 치면서 꿈틀거리고 있었으니까.' 라디오 속에서 엘비스 프레슬리의 「하운드 독」이 흐르던 정오 무렵이었지. 「하운드 독hound dog」 알잖아. 그 노래는 어떤 상황에서도 사람을 독창적으로 흥분시키는 구석이 있어. 녀석과 내가 아르바이트로 시작한 공동 번역의 첫 번째 일감이었던 『미국의 통조림 입문서』가 생각나더군. 6개월 동안 우리는 끙끙거렸지. 결국 녀석은 슈이텐 피터스의 『모호한 도시들의 출처에 관하여』라는 새 매물賣物을 발견하고 그쪽으로 새버렸지. 놈은 뭘 발견했던 걸까? 나는 사립탐정처럼 뻣뻣하게 서서 헉헉대는 악셀 와펜도르프를 내려다봤어. 내 생각엔 그날이 아주 끔찍하게 기억되진 않아. 그건 뭐랄까? 자기만의 아주 독창적인 자연을 가지고 있는 한 자연주의자가 꽁치통조림 안으로 들어간 걸 목격한 기분이랄까? 코가 큰 하운드 독 한 마리를 자기 방에 풀어놓은 채 말이야." 밥 매커리가 라디오를 듣기 시작한 건 그 무렵이었다고 고백했다.

밥 매커리Bob McCarey의 트랜지스터라디오

정확하게 말하면 밥 매커리는 훨씬 이전부터 라디오를 들었지만 포터블portable 라디오를 사려 깊게 다루고 소리를 자신의 인생에서 중요하게 배려하기 시작한 건 그 무렵이었다고 했다. 밥이 처음으로 구입한 것은 아하AHA! 시리즈 중 하나였다. 아하!는 타 제품에 비해 디자인은 덜 심플했지만 포터블로는 그만한 게 없었다. 흠 등교할 때 허리띠에 꼭 끼울 수도 있었다.

스무 살이 넘어 밥 매커리는 어느 날 라디오 프로그램 작가를 뽑는 지원서cover letter를 쓰다가 문득 휴대폰 동영상을 켜놓고 이런 녹음을 하기 시작한다.

"라디오는 제 강의실이었어요. 라디오 속에는
채널마다 정말로 훌륭하고 엄청난 선생님이
많아요. 우선 수업 시간마다 몽둥이나 일심봉 대신
들어오시는 디제이DJ님들, 누가 졸건 말건 열심히
이야기하시고 수업종 치면 음악 깔아주시고 칼처럼
시간 맞추어서 나가시죠. 얼굴이 안 보이니 눈치 볼
필요도 없어요. 볼륨을 높여놓고 책상에 두 다리를
쩍 올려놓은 채 자위를 해도 모른 척해주시죠.
부모님은 뭐랄까? 늘 책상에 앉아 헉헉대던 제
감수성을 성장통 소음 정도라고 생각하셨을 테지만,
여하튼 라디오 학습은 하루 종일 수십 개의 강의실
(채널)을 드나들며 수업을 듣다가 마음에 드는 강의

타임 하나만 집중적으로 공략하는 거죠. 온갖 종류의
수업이 다 들어 있었어요. 개근상은 물론이죠."

"생각해봐요. 지금까지 한 번도 본 적은 없지만
디제이님들은 어릴 적 이 세상 어딘가에서 분명히
우리를 열심히 다루었다구요. 제 선생님들이었던
디제이님들을 일일이 열거하자면 정말 끝이 없어요.

저는 같은 반은 아니지만 세상엔 같은 소리를 채집
sound recording하는, 참 많은 반(채널)들이 있다는
것을 그때 알았어요. 밤늦도록 우리는 음악을 듣다가
사연을 듣다가 사연을 보내느라 두 귀가 아니라 두
눈이 퉁퉁 부었죠."

Post Cast '종이인형들의 세계사' CH : 1984HZ

밥 매커리는 자기 소개서에 『라디오 입문서』 요강을 대강 이런
식으로 만들어보기 시작했다. 그리고 밥 매커리는 지금까지 그
페이퍼를 돌리면서 이 세상을 살았다고 은하철도 공무원 시험 합격
수상소감Poetic prize에서 밝혔다. 몇 년 후 '종이인형들의 세계사'라는
팟캐스트 채널에서 밥 매커리는 자신이 디제이가 된 이유를 밝혔다.
요강은 이렇다.

밥 매커리 Bob McCrey 하 트랜지스터 라디오

라디오 입문서 요강

다음 중 동의한다고 생각하는 곳에 어떤 표시를 해보시오.
<u>white noise test</u>

1   같은 시간대에 우리는 같은 방(채널) 안에서
      같은 목소리(DJ)를 들은 적이 있다. ( )

2   같은 시간대에 우리는 방(채널) 안에서 같은 음악을
      들은 적이 있다. ( )

3   같은 시간대에 우리는 서로 다른 방(채널) 안에서
      같은 음악을 들은 적이 있다. ( )

4   같은 시간대에 우리는 같은 방에서
      서로 다른 음악(신청곡)을 듣고 싶었던 적이 있다. ( )

5   같은 시간대에 우리는 서로 다른 채널이었고
      서로 다른 채널을 흔들며 잠든 적이 있다. ( )

6   같은 시간대에 우리는 잡음처럼 섞인 적이 있고
     그 잡음 속에서 너무나 많은 방을 갖고 살았던 적이
     있다. ( )

7   같은 시간대에 우리는 누군가의 억양을 사랑했고
     같은 시간대에 우리는 누군가의 발음이 되고 싶은
     적이 있었다. ( )

8   어떤 식으로든 교신이 존재한다는 것을 믿고
     불량 주파수를 타고 먼 우주의 붉은 딱새들을
     잡아오기 위해 우리는 녹음버튼을 무진장 누르며
     이상한 벌레들을 노트와 일기장에 채집한 적이
     있다. ( )

9   주파수frequency를 타고 날아온 새들은 음악이다. ( )

10   주파수 없이 어느 날 갑자기 내게 날아온 새는
     나로 만들어진 음악이다. ( )

10´ 그걸 시로 끄적이면 시가 되었다. ( )

11 자신이라는 음악의 주파수를 만들며 우리는
생의 디제이로서 이 세상의 소리로는 잡히지 않는
시간대에 자아를 방송하기 시작했다. ( )

12 소리는 혁명이고 음악은 군대이며 라디오는
내가 타고 있는 탱크tank였다. ( )

13 라디오에서 흘러나온 것들과 라디오로 녹음한 것들,
라디오 속에 자라고 있는 야생화들을 합쳐놓으면
새로운 종의 기원을 만들어낼 수도 있다고 생각하는
군락이 이 땅의 지하에 있다고 믿는다. ( )

14 단테가 라디오를 알았다면 『신곡神曲』의 한 부분을
추가했을 것이다. ( )

15 등 등 등 등 등 등 등 등 등 등 등 등 등 등 등
등 등 등 등 등 등 등 등 등 등······.
바짝 몸을 움츠린 채 구석에서 라디오를 듣고 있는
누군가의 등. ( )

밥 매커리에게 들어온 신청곡 사연들 둘

밥 매커리는 지나치게 많은 사연을 자신에게 강요하는 것이 인생이라는 생각이 들어 이제부터는 아침에 똥 누면서 생각나는 사연만 신청곡 사연으로 만들어놓아야겠다고 생각했다.

"안녕하세요. 채널 MBG의 심야방송 '그럼에도 불구하고 ON AIR'의 앞가슴입니다. 오늘도 비가 오는군요. 방금 들으신 음악은 윤정아의 「찬비」였습니다. 한밤중에 이렇게 창문으로 비가 내리는 걸 보고 있으면 어떤 기분이 드세요? 저는 자꾸 골목 전봇대 옆에 버려진 채 비를 맞고 있는 곰인형 생각이 납니다. 오늘은 '조용한 악필'님의 사연으로 시작해볼까 합니다."

"어제는 들려주신 음악에서 흘러나오는 빗소리를

녹음했습니다. 696번째 그녀를 버스에서 훔쳐보고 있습니다. 나는 손잡이이고 그녀는 좌석입니다. 우리는 만날 수 없습니다. 그렇지만 우리는 둘 다 하루 두 번 아침과 저녁, 같은 시간대에 흔들립니다. 버스 안에서, 그녀는 내가 한 번도 본 적 없는 책을 의 읽으며,
    나는
      움직이는 글쓰기로
         ……
           출렁
            출렁."

P.S. 신청곡은 「한 송이 라디에이터」입니다. - 조용한 악필

밤 매커리 Bob McCarey 의 트랜지스터 라디오

프랑수아
콩피노
François Cufino
의

병아리

yellow chicken

펭코장
펴는곳

날아라 병아리

프랑수아 콩피노는 초등학교 시절 해마다 병아리를 사오곤 했다. 학교 앞 교문에서 어느 할머니가 작은 라면박스에 병아리들을 풀어놓고 한 마리당 100원에 팔던 것을 사온 것이다. 보송보송한 솜털을 가진 병아리는 반쯤 감은 눈으로 쌕쌕거렸다. 프랑수아 콩피노는 1학년 때는 병아리를 가슴에 품고 집에 돌아왔다. 2학년 때는 병아리를 신주머니에 넣어 왔다. 3학년 때는 재킷 속 주머니에 넣어 왔다. 병아리를 키워서 닭으로 만들 생각 따위는 해본 적 없다. 오직

          병아리를 키워서

                    날려보자

                         !

                            이 생각뿐이었다.

신발박스로 집을 만들어주고 낚시도구를 파는 가게에 가서 지렁이를 사와서 먹이로 주었다. 병아리는 대부분의 시간을 서서 졸거나 몸을 테니스 공처럼 둥글게 말고 앉아 품속에 고개를 파묻고 잠을 자곤 했다. 아버지도 퇴근하고 돌아오면 병아리를 손등으로 쓰다듬어주시곤 했다. 햇빛에 눈이 부실까봐 프랑수아 콩피노는 뚜껑을 덮어주고 대신 작은 송곳으로 구멍을 몇 개 뚫어주었다. 깊은 밤엔 몰래 구멍에 귀를 대보았는데 병아리의 숨 쉬는 소리가 희미하게 들렸다. 엄마가 아플 때 누워서 내는 숨소리하고 비슷했다. 아침에 학교 가기 전 프랑수아 콩피노는 병아리의 가슴 밑으로 손가락 두 개를 넣어보았다. 따뜻한 체온이 느껴지는지, 손끝으로

혈관이 툭툭 뛰는 것을 확인하기 위해서였다. 날갯죽지를 펴보고
냄새를 맡아보기도 했는데 고약해서 다시는 날개가 생기는
겨드랑이에는 코를 갖다 대지 않기로 결심했다. 병아리가 움직이지
않는 날에는 손가락으로 살짝 꼬집어도 보았다. 도둑고양이들이
병아리를 물어 죽인 적도 있었는데, 그날 밤 프랑수아 콩피노가
신발박스에 떨어진 노란 깃털들을 보고 나서 꾼 꿈은 거대한 고양이
뱃속으로 들어가 병아리들을 입 바깥으로 구해오는 것이었다.
그렇지만 대부분의 병아리는 며칠 못 가서 죽거나 병들었다.
친구들의 경우도 마찬가지였다.

프랑수아 콩피노   우리 집 병아리가 어제 죽었어.

새디 톰슨   내 병아리도 거의 죽어간다구…….

병아리가 원래 약한 것인지 기르는 방식이 잘못된 것인지는 몰라도
병아리들은 한 달을 못 넘기고 대부분 땅에 묻혔다. 물론 신발박스와
통째로.

새디 톰슨   이번에도 우린 실패한 거라구. 하지만 이번에는
                병아리에게서 신기한 것을 발견했어.

프랑수아 콩피노   그게 뭔데?

새디 톰슨   병아리는 웃는다.

프랑수아 콩피노   웃는다니, 병아리가? 그게 정말이야?
개와 고양이가 조금 웃는 것은 봤지만.

새디 톰슨   분명 웃어.

프랑수아 콩피노   네 말이 옳다면, 아니 맞다면 다음번에 고양이를
살 때는 나도 꼭 지켜봐야겠는걸. 난 지금까지
병아리가 웃는 걸 한 번도 본 적이 없으니까.
그런데 어쩌면 네가 병아리를 보고 웃고 있는 걸
착각한 건 아닐까? 우리 아빠가 그러는데 뭔가를
좋아하면 표정이 닮아간대.

새디 톰슨   우린 그렇게 빨리 죽진 않아.

프랑수아 콩피노   맞아, 우린 병아리가 아니니까.

새디 톰슨   아니, 우린 병아리가 맞아. 세상의 병아리들을 재빨리
알아보는 건 언제나 우리라구.

프랑수아 콩피노는 다음 해에도 교문 앞에서 병아리를 사왔다.
이번에는 중고 표준전과와 동아전과를 몽땅 들고 가서 바꿔왔다.

라면박스째로 사왔다. '라면박스에는 병아리 스무 마리가 들어갈 수 있다'는 사실을 그때 알았다. 라면박스 속에서 병아리들이 이리저리 뛰어다니는 것이 박스 둘레를 돌며 아이스 스케이트 선수들이 쇼트트랙을 하고 있는 것처럼 느껴졌다. 프랑수아 콩피노는 이번에는 친구들을 놀이터에 불러 모아 자신의 계획을 이야기했다.

프랑수아 콩피노 병아리는 어차피 이번에도 금방 병들거나 죽어버릴 거야. 닭이 되기 전에 말이지. 물론 5반의 29번처럼 닭이 될 때까지 키우는 녀석들도 있지만 그건 정말 엄청난 행운이 따라야 하는 일이지. 그래서 난 옥상에 올라가 이놈들을 날려볼 생각이야. 만일 이놈들이 아직 나는 법을 배우지 못했거나 허공으로 추락하면 니들이 야구글러브를 끼고 있다가 밑에서 받아주면 돼. 어려운 일은 아닐 거야. 병아리들은 공처럼 떨어질 테니까. 병아리들은 둥글게 몸을 마는 것에는 충분히 훈련되어 있으니까. 그건 우리가 해마다 키우면서 잘 아는 사실이잖아. 테니스공을 받는다고 생각하면 된다고.
어때? 병아리들이 나는 것을 보고 싶지 않아?

새디 톰슨 만일 우리가 못 받으면?

프랑수아 콩피노   라면박스로 다시 돌아가는 거지.

글러브는 야구공, 테니스공, 배드민턴공까지도 잘 받아내곤 했지만
병아리는 아무리 테니스공처럼 웅크리고 있어도 받아내기 힘든
것이었다. 병아리들은 파득파득 날개를 털다가 떨어졌다. 그렇지만
프랑수아 콩피노가 위에서 내려다보는 병아리는 분명 날고 있는 것
같았다.
   '날아라, 병아리야.
         어차피 라면박스 속에서
              골골거리다가
죽을 거라면
    한 번이라도
       날아보자꾸나.'

프랑수아 콩피노는 죽은 병아리들을 모아놓고 친구들과 작은
묵념의 시간을 갖고 애도를 표했다. 뒤뚱거리며 자신을 따라오던
병아리들의 붉고 푸른 입술이 떠올랐다. 프랑수아 콩피노는 쭈그려
앉아 죽은 '날개'를 처음으로 만져보았다. 그날 밤 프랑수아 콩피노는
새벽에 집으로 돌아와 축 처진 채 날개를 바닥에 떨어뜨려놓고
잠들어 있는 아버지의 옆구리를 흔들어 깨우면서 그 날개를 다시
한번 떠올렸다. 뒤뚱, 뒤뚱거리는 것도 인생의 중요한 부분이라는 걸
깨달은 건 병아리를 묻고 난 지 한참 후의 일이다.

프랑수아 콩피노 François Confino 허영만

루이스 브룩스  의 복각 유성기 음반

Louise Brooks

gramophone LP record

· ·

필로극장

난 자주 소음의 한복판에서 음악을 듣곤 한다.

조지 거슈인

루이스 브룩스는 대학에 입학하자 엔리케 산토스 디세펠로와 엘 카마론 데 라 이슬라와 함께 녹색 벨벳 음악당에 가입하고 고전 음악 감상실을 드나들며 디제이 활동을 시작했다. 처음에는 영묘한 민속음악이나 민요 멜로디에 심취해 협주곡이나 조성의 세계에서 비켜간 신비주의 음악에 빠져들었지만 실비아 케이헌이 쓴 『음악의 현대적 뮤즈』나 알렉스 로스의 『20세기 음악산책사』 같은 책을 뒤적거리면서 점점 라임의 둘레를 이해해가기 시작했다. 그들은 쇤베르크 진영과 버르토크의 민요적 진영의 세계에서 자신의 현학과 무희들을 토론하고 즐겼으며 재사와 미인들을 파리에서 리비에라로 실어 나르던 열차의 이름인 '르 트렝 블뢰'의 미학 토론 모임에 참여하기도 했다. 그들은 공명이 가는 동료를 만나면 서로에게 소개를 하기 전

　　　　'피아노

　　　　　　넉 대가

　　　　　　　　도착했습니다'

　　　　　　　　　　　와 같은 은어를
사용했으며 동성애자들의 하부문화에 열렬한 지지를 표현하며 자신들의 살롱에서 여러 형태의 낭독회나 시극Poetic drama 모임을 만들기도 하면서 독자적인 방식의 삶을 가꾸어가기 시작했다.

하지만 무엇보다 그들을 지적으로 열광하게 했던 것은 복각 유성기
음반이었다. 루이스 브룩스는 어린 시절 축음기 속에서 나오는
행진곡을 듣고 전쟁의 무서움을 알았고, 축음기 속에서 흘러나오는
미사곡을 듣고 홀로 교회를 찾아가 회원가입 원서를 작성했다.
축음기에서 흘러나오는 「레퀴엠」을 듣고 아버지의 죽음을 미리
상상해보기도 했다. 루이스 브룩스가 '끔찍한 것을 향해 미리
미끄러져 나가는 상상력'을 자신의 미적 태도라고 여기기 시작했던
것도 축음기에서 흘러나오는 오래된 유성음반부터였다. 루이스
브룩스는 '미요miyo' 같은 닉네임으로 여러 음악 잡지에 글을
투고하기도 했다. 잡지사와 평화협약이 이루어지고 인종주의적
발언을 하지 않는다는 조건 아래 재즈와 클래식, 블루스에 관한
한복판의 글을 써나갔다. 물론 오스트리아-헝가리 제국의 와해로
인해 너지센트미클로시 같은 땅이 루마니아에 귀속되고 포조니가
체코슬로바키아의 영토가 되었듯이 잡지사에 자신의 예술운동이
귀속되자 그만두었다. 루이스 브룩스는 주위를 맴도는 조성에 점점
신물이 났다. 루이스 브룩스는 여행을 다니며 집시나 유랑음악에
점점 관심을 갖기 시작했다. 제3세계로 불리는 나라들의 민요들
속에서 루이스 브룩스는 시적 영감으로 충만해져 돌아오곤 했다.
그는 살롱에서 자신의 생각들을 정리했다. 루이스 브룩스는 헝가리
집시음악에 관심을 가지면서

'대평원大平原'

이라는 단어에 심장이

뛰는

    자신을

        발견했다.

부다페스트는 실패한 첩보원들이 모여서 축음기를 틀어놓은 채 진토닉을 마시며 한 명씩 룰렛이라는 게임으로 권총 자살을 했던 곳으로 유명하다. 루이스 브룩스는 자신의 음악활동은 늘 비공식적인 일이 되었으면 한다. 음악은 공개되면 관계들에 얽혀 오히려 불편해지기 마련이다. 비밀스러운 개별적 공명으로만 존재하는 음악세계에 세계의 비밀이 숨겨져 있다. 그게 루이스 브룩스가 알고 있는 위대한 작곡가들의 열망이자 노고였다. 미소가 공허하듯이 지나간 음은 이제 자신의 음성 속에서만 복기된다.

이 세계는
   언어가 유령ghost이므로
       음악은
          그 유령들을 데리고
여러 아이를
   낳았으므로.

루이스 브룩스 Louise Brooks 의 복각 유성기 음반

칸시온 쿠바나의 자개농

Cancion Kubana

Korean shell & pearl chest

나전칠기螺鈿漆器 club

자개농에 박혀 있는 새들의 머리를 만지고 자면 나는
꿈에 14개국 언어로 번역된다.

자개농에 박혀 있는 빈 초가집에 불을 놓고 인적
人跡 human을 들이고 싶어진다면 그건 자개농을
만들던 장인이 장롱을 만들어놓고 칠이 마르기 전
여러 번 혼자 그곳에 머물렀기 때문이다.

자개농에 박혀 떠 있는 구름을 오래 보고 있으면 고대
처형 장소에서 팔다리가 묶인 채 머리를 올려 하늘을
보고 있는 그 죄수와 눈이 마주치고 있는 것이다.

자개농에 박혀 있는 나무 아래서 쉬어갔다면 당신의
집은 이미 불탔거나 불타고 있는 중이다.

칸시온 쿠바나
Cancion Kuubana
ㅣ
자개농

자개농에 박혀 있는 열매를 따 먹었다면 나는 참회를
위해서도 상상력이 필요한 사람이다.

자개농에 박혀 있는 시냇가 연인의 볼을
만져보았다면 나는 여인들의 빨래터에 몰래 미리
나와 있었기 때문이다.

자개농 속에서 배낭을 메고 길 떠나는 노인과 소의
뒷모습을 돌아 세울 수 있는 것은 그 노인과 소의
어린아이의 울음뿐이다. 그들이 그냥 멈추어 서서
뒤를 돌아 당신을 보고 있다면 당신은 그 심사心思를
찾아주기 위해서 자개농 속의 몇만 평 땅과 지역을
찾아 헤매야 한다.

자개농에 박혀 있는 바람이 자개가 되어 툭!
바닥으로 떨어지면 나는 그 조각을 주워 주머니에
넣고 여행을 떠나야 한다. 돌아와서 그 바람을
읽어야 한다.

칸시온 쿠바나는 어린 시절 안방에 있던 자개농의 문양들을 보면서 일 나간 엄마를 기다렸다. 장난감이 없어도 자개농 자개들의 문양을 보고 있노라면 시간 가는 줄 몰랐다. 하루 종일 일 나간 엄마를 기다리면서 낡고 오래된 자개농에 박혀 있는 무늬와 결들을 만져보며 여름을 난 적도 있다. 문풍지와 창틈으로 매서운 바람이 새어 들어오는 겨울에는 자개로 만들어진 사람들과 새들과 바람과 구름이 추워서 떨어질까봐 장롱에서 이불을 꺼내 그들을 덮어주며 엄마를 기다리기도 했다. 스카치 캔디sweet candy를 입에 넣고 있으면 더욱 시간 가는 줄 몰랐겠지만, 엄마가 돌아오면 그보다는 야쿠르트를 몽땅 먹을 수 있으니까. 상상력을 다 써버리면 지루해질까봐 칸시온 쿠바나는 자개농 앞에서 조금씩 상상력을 아끼며 사용했다. 자개농이 완전히 늙어서 밖으로 내다 버리던 날 칸시온 쿠바나는 도루코 칼날로 자개들을 모두 뜯어 서랍 속에 오래 보관했다. 상상력도 '동거'라면 칸시온 쿠바나는 아주 일찍 동거同居를 시작했던 셈이다.

해롤드 쿠마 화이트의 봉봉

Harold Kuma White

collaboration sky kong kong

얼마 전 해롤드 쿠마 화이트는 한 인터넷 검색창에 이런 문장을 입력했다.

'서울 마포 근교에서 봉봉 탈 수 있는 곳.'

생각보다 다양한 지식과 답변이 있었다. 주로 '이제 그런 곳은 없습니다'가 많았고 '인터넷으로 주문하면 놀이방 같은 곳에 놓을 수 있는 작은 사이즈는 구하실 수 있습니다' 같은 답변으로 겨우 고사를 면하는 정도였다. 해롤드 쿠마 화이트는 실망이 컸다. 그러던 중 한참 아래 글에서 새로운 희망 하나를 발견했는데 내용은 이랬다.

안녕하세요?
이번에 저희가 놀이터 정리 차원에서 어린이 놀이기구 봉봉을 처분하려고 합니다. 설치한 지 얼마 안 되었지만 설치비용에 비해 싼값에 판매하려고 합니다. 목포구요. 연락처는 010-0000-0000 입니다. 필요하신 분은 연락주시면 사진을 보내드립니다.

해롤드 쿠마 화이트는 신이 나서 바로 전화를 했지만 없는 번호였다. 불쑥 답변만 보고 전화를 걸었던 탓인지 2년 전에 올라온 답글이라는 걸 못 보았던 것이다.

'봉봉은

    이제

        볼 수 없는

            것인가?'

해롤드 쿠마 화이트 | Harold Kumar White | 의 봉봉

우울해서
　　　해롤드 쿠마 화이트는
　　　　　　　저녁을 굶었다.

봉봉은 반동놀이기구다. 강철의 사각기둥이 있고 가장자리에서 중심으로 나일론 천이 펼쳐져 있다. 천 밑엔 강철 스프링들이 침대 커버의 밑처럼 하중을 받치도록 되어 있다. 천 위에 맨발로 올라가 공중으로 뛰어오르면 봉봉 바닥의 탄력을 받고 위로 높이 뛰어오를 수 있다. 한마디로 뿅 간다. 해롤드·쿠마 화이트가 봉봉을 처음 타본 건 초등학교에 들어가기 훨씬 전이다. 지금에야 거의 찾아볼 수 없게 되어버렸지만 봉봉은 학교 근처 공터나, 육교 아래, 다리 밑에서 흔하게 볼 수 있는 아이템이었다. 오래 타면 키가 큰다는 소문이 돌기도 했지만 발육을 위해 부모님이 손을 잡고 직접 데려오는 경우는 거의 없었다. 작은 누이들의 몸을 잡아 올려주는 멋진 묘기 시범을 보여준 건 5학년 때부터였다. 스카이 콩콩이 나오기 전까진 (스카이 콩콩은 개인반동 놀이기구다) 협동반동 놀이기구였다. 해롤드 쿠마 화이트는 기억과 자주 불륜이라 거의 온전하게 기억하는 것이 별로 없는 편인데 더듬어보면 100원에 20분 정도 튕기다가 내려와야 했던 것 같다. 주인은 그날의 스프링 상태보다 동네 아이들의 숫자에 따라 버저타임 buzzer time 을 조절했다. 물론 아저씨가 '그만, 그만, 이제 그만' 하고 부르지 않으면 계속 탔다. 사람이 아주 많을

때에는 구석에서 혼자 조용히 통통거리기도 했다. 뒤로 덤블링을
할 수 있는 녀석은 대단한 공간의 지위를 누렸는데 선수(?)들이
오면 잠시 끝으로 가서 자리를 내주곤 했다. 획~ 뒤로 한 바퀴 돌고
안전하게 착륙할 때까지.. 봉봉은 유치원에 가기 전부터 육학년까지
탔다. 중학교에 가서도 하교 후 자전거를 타고 논둑길을 달리다보면
멀리서 저학년 아이들이 봉봉 타는 것을 보고 자주 가슴이
설레었지만 교복을 입은 채 펄떡펄떡 뛸 순 없었다..
봉봉에도 나름의 불문율不文律이 있었는데 이를테면 반드시 신발을
벗을 것, 싸우지 말 것,
      어른은 금지
         같은 거였다.

   이름 naming
   ....

봉봉은 이름도 가지각색이었는데 팡팡, 퐁퐁, 방방, 뽕뽕 등 서로
더 실감을 주는 의태어 쪽으로 부르곤 했던 것 같다. 대학에 가서
고무공을 주먹으로 튕겨서 야구놀이를 할 때 그 게임 명칭이
'하루'(전라도)냐 '짬뽕'(경기)이냐를 놓고 다투었던 것처럼. 해롤드
쿠마 화이트는 경기도에서 전학온 친구와 명칭 때문에 뒷동산
무덤 위에서 주먹다짐을 하기도 했다. 해롤드 쿠마 화이트는

봉봉이었고 서부지역에서 온 로맹구필은 퐁퐁이었다. 하지만 둘은 결국 얼마 후 사이좋게 동전을 빌려주기도 하면서 봉봉 위에서 함께 놀았다. 해롤드 쿠마 화이트는 녀석의 생일선물 대신 봉봉을 두 시간 태워주었다. 여자들이 올라타면 심하게 반동을 해서 놀라게 만들며 놀려주는 것도 코스 중 하나였다. 나중에 정식 명칭이 트램펄린이라는 것을 알았지만 그땐 이미 봉봉을 탈 수 있는 나이가 지나가버린 후였다.

장소 space

논두렁, 공터, 다리 밑, 육교 아래, 개천, 놀이터 옆, 학교 뒤, 오락실 옆, 문방구 옆 등등. 어디에 있든지 솟아오르는 함성 소리를 들으면 멀리서도 금방 찾을 수 있었다. 한 시간을 뛰고 땅으로 내려오면 속이 울렁거렸다. 가끔 신발을 훔쳐가는 놈도 있었다. 새로 산 스니키진이나 단화를 두 손에 들고 타는 아이들도 있었다. 해롤드 쿠마 화이트는 책가방은 메고 탄 적이 있지만 신주머니와 도시락, 신발은 신경 쓰지 않았다. 한번 봉봉이 동네에 들르면 토할 때까지 탔다.

묘미 spectacle

뚱뚱하거나 빼빼하거나, 못생겼거나 예쁘거나, 힘이 세거나 약하거나, 성격이 이상하거나, 코딱지를 잘 파거나, 초코파이를 많이 먹거나, 옷에 오줌을 잘 싸거나, 김치를 못 먹거나, 부자거나 가난하거나, 엄마가 있거나 엄마만 있거나, 집에 비디오가 있거나 장독대가 있거나, 자주 울거나 아무 때나 웃거나, 엄지손가락을 항상 빨거나, 빤스를 안 입고 오는 놈이나 가짜 오리털 파카를 입고 오는 놈이나, 색연필을 아끼는 놈이거나, 선생을 사랑하는 놈이거나, 겨드랑이에 털이 났거나 고추가 왕 크거나 봉봉은 다 태워주었다. 하늘로 부~웅 솟아오르면 배꼽부터 짜릿해져서 머릿속이 홀홀 풀렸다. 심장이 약한 여자 아이들은 멀리서 그네를 타면서 부러워했다. 비가 내리던 어느 휴일 해롤드 쿠마 화이트는 개천 아래로 걸어가서 아무도 없는 봉봉을 펼쳐두고 쭈그려 앉아 고행석의 만화책을 보는 주인아저씨에게 100원을 쥐여주었다.

해롤드   타도 되죠?

아저씨   맘대로 하렴. 단 감기 걸리니까 오늘은 딱
             삼십 분만 타는 거야.

그날은 어머니가 집을 나가 일주일째 돌아오지 않은 날이었던 것 같다. 해롤드 쿠마 화이트는 서서 그물을 튕기지 않고 약간

출렁출렁거리는 반동을 만들어놓고 누운 채 하늘을 바라보았다. 눈
속에서 하늘이 물기로 말랑말랑하게 울렁거렸다.
                                        눈물을 하늘까지
튕겨올려
        보내고 싶었다.

어디서도 봉봉을 탈 수 없고 구하기도 쉽지 않다는 것을 알고 봉봉에
대한 그리움과 애수에 잔뜩 젖어 있을 무렵, 해롤드 쿠마 화이트는
뉴스 기사에서 이런 걸 봤다.

> "이 시설은 기구 자체가 흉기다. 강철과 강철 스프링이
> 가장자리에 버티고 있기 때문이다. 따라서 바깥으로 떨어지면
> 중상 위험이 있다. 그런데 이 기구가 설치된 지 5년이 지났건만
> 여태껏 단속이 없었고 안전보호시설이 없다. 이 기구는 무허가
> 놀이기구다. 군 행정 무풍지대에서 어린아이들이 위험도 모른 채
> 재롱을 부리며 놀고 있다."

공무원 나리!
            사고가 나야 움직일 건가?
                                    묻는다. 군 당국이 답변할
차례다.

해롤드 쿠마 화이트는 버럭 짜증이 났다. 무허가 놀이기구라니. 허가를 받고 놀 수 있는 놀이가 어디 따로 있고 그런 놀이기구가 어디 따로 있다는 말인가? 그렇다면 놀이터는 정부에서 허락을 해준 놀이기구여서 문제가 하나도 없었는가? 봉봉이 사라져버린 것도 아쉬운데 그나마 남아 있는 봉봉을 괴물 취급하는 기자의 시선은 아이들이 허공을 붕붕 날아오르면서 할 수 있는 상상에 대한 배려는 전혀 없고, 이 세상 어디든지 존재할 수 있는 안전사고를 핀셋으로 봉봉뿐이다라고 집어주는 억측으로밖에 안 보인다. 아이가 없거나 봉봉을 한 번도 타보지 않고서야 그런 생짜를 부리기는 어렵다고 믿고 마음을 진정시켰지만, 어른들이 애정이다라고 말하면서 아이를 바라보는 시선이라는 곳은 대개 우리의 번지수와는 다르다는 생각이 들었다. 봉봉은 철거촌도 아니고 청계천도 아니다. 봉봉이 무허가라며 막을 것이 아니라 아이들에게 안전사고 부주의를 강조하면 될 일이다. 착륙하는 친구 발바닥에 맞아 코피가 터지고 용수철과 그물 사이에 빠져 허우적거리고 밖으로 굴러떨어져서 머리가 깨지고 집에 돌아와서도 우리는 봉봉 탓을 하지는 않았다. 아빠가 던져대는 집 안의 물건이 붕붕 날아다니는 것을 피하거나 하루 종일 방바닥에 앉아 마늘을 까고 계시는 엄마 옆에 앉아 눈물 콧물 흘리는 일보다는 해롤드 쿠마 화이트는 그쪽이 나았던 유년이다. 이건 해롤드 쿠마 화이트만의 봉봉 극복기이기도 하다.

            베리
              베리
                봉봉.

카트린 브레야의 민들레

Catherine B─

SINGLE MINDED FLOWER

민들레극장전용관

제1관

민들레는 바람풀이다. 바람풀은 바람의 높이까지 자라는 꽃이다. 바람의 높이는 어디일까, 묻는 것은 의미가 없다. 바람은 자신의 높이를 스스로 만들지 않는다. 바람의 높이를 만드는 것은 인간의 시선이다. 인간의 시선은 바람의 높이를 드나들지만, 바람의 시선은 인간의 시선을 드나들기 때문이다. 민들레는 조물조물 풀똥을 누면서 흔들린다.

제2관

민들레는 극장이다. 극장은 혼자 가야 좋다. 카트린 브레야는 늘 그렇게 생각한다. 그렇게 생각하고 살기로 한다.

"극장엔 혼자 가야

카트린 브레야 Catherine Breillat 의 민들레

좋아"

라고 생각할 때 카트린 브레야는 민들레가 떠오른다. 민들레는 극장이다. 민들레라는 극장에 가서 무엇을 보고 왔냐고 묻는 것은 의미가 없다. 극장은 그냥 혼자 가야 좋고 민들레는 무릎을 구부리고 쭈그려 앉아 혼자 보면 더 좋다. 카트린 브레야는 혼자 극장에 가서 이 말을 자주 생각한다. 민들레영토 말고 민들레극장이 가고 싶어지면 카트린 브레야는 고향 생각이 난다. 민들레가 좋아서 조금 더 살기로 하는 바람처럼. 민들레극장에선 민들레만 상영한다. 민들레를 상영하는 계절이 오면 카트린 브레야는 민들레를 만나고 싶다. 민들레영토 말고 민들레극장 가서.

M관

민들레는 식물이다. 카트린 브레야는 여행 갈 때 그림을 그릴 수 있는 스케치북이나 두툼한 노트를 꼭 챙긴다. 처음 보는 세상으로 가서 처음 보는 식물을 만날 때 그려 넣기 위해서다. 카트린 브레야의 그림 솜씨는 형편없다. 그렇지만 식물을 그리는 데는 형편없는 그림 솜씨가 더 좋을 때가 있다. 식물을 그리기 위해서는 식물의 느낌만 있으면 되니까. 카트린 브레야는 스케치북과 노트, 심지어 수첩에도 식물을 마구 그려 넣는다. 내면에 식물을 많이 그려 넣는 삶이 여행이라고 카트린 브레야는 생각한다. 식물에 대한 생각은 민들레에서 출발했다.

"난 교과서의
　　　　　　　　　여백에
　　　　　　　　　　　　　민들레를
　　　　　　　　　　　　　　　　마구
그려 넣고
　　　　책장을 사르르르
　　　　　　　　　넘기는 일로
　　　　　　　　　　　　학창 시절을 다 보냈어."

어느 날 카트린 브레야가 주일날 예배를 마치고 교회 계단에 앉아 있는데 전도사가 물었다.

전도사　　　넌 요즘 뭐하고 지내니?

카트린 브레야　　제 교과서엔 제가 그려놓은 민들레 냄새가 나요.

전도사　　　그건 상상만 해도 근사한 일이구나.

카트린 브레야 Catherine Breillat 의 민들레

언제 나도 그 냄새를 맡아볼 수 없을까?

카트린 브레야   네, 좋아요. 하지만 학교 선생님들은 제 민들레를
              마구 꺾어버리세요.

전도사   저런, 그 선생님들은 민들레를 더 이상 자기 화분에
              옮겨놓으실 수 없기 때문이야.

카트린 브레야   하지만 저는 민들레가 좋아요.
              민들레는 저희 집 베갯속에도 많아요.
              엄마가 직접 따서 넣어주셨거든요.

민들레는 시멘트 벽 틈 사이에서도 잘 자란다.

"난 번식력이 좋아서가 아니라 세상의 틈이
좋아서요."

민들레는 늘 이렇게 말한다.

민들레는 식물이다. 식물은 우리가 모르는 저기부터 여기까지 거리를 이야기할 때 꼭 필요한 것이고 식물은 우리가 잘 알고 있는 짐승의 저녁부터 새벽까지 흘러오는 구름의 체온이다.

"짐승이 눈을 버리고 가는 곳은
　　　　식물이다."
　　　　　　　카트린 브레야는
　　　　　　　　　　　　　　이 문장으로 시작하는
시를 써보고 싶다.
　　　　　　하지만 식물은 민들레다. 이렇게 부르면 틀린 말이 된다. 식물의 속성이 민들레를 만들어주는 것이 아니라 민들레의 눈에서 식물이 태어나기 때문이다. 민들레의 눈동자 안엔 어스름이 지는 눈물이 스며들어 있었다. 민들레는 쌍떡잎식물이다.

　　　　제3관

카트린 브레야는 흰 민들레를 가장 좋아한다. 어렸을 적 카트린 브레야는 이유 없이 큰 열병을 앓았던 적이 있는데 엄마가 달여준 토종 흰 민들레를 먹은 후 깨끗이 나았다. 소변에서도 더 이상 붉은색이 섞여 나오지 않았고 열도 금방 내렸다. 민들레 뿌리를 말려 볶아서 가루를 낸 뒤 물에 타서 마시기도 했다. 민들레는 조금 쓰지만 민들레 생잎을 깨끗하게 씻어서 먹는 건 좋았다. 카트린 브레야의 입에서 잠잘 때 생긋한 민들레 냄새가 났다. 그 후로 카트린 브레야의 엄마는 흰 민들레를 밭에 가꾸어서 가을에 뿌리를 캐내어 상자에 보관하기 시작했다. 카트린 브레야의 엄마는 상자를 캄캄한 동굴 같은 곳에 두고 싹을 키워야 한다고 했지만 지도에는 동굴이 표기되어 있지 않아 그냥 뒤뜰에 두고 보관했다.

카트린 브레야는 흰 꽃이 피는 흰 민들레를 가장 좋아했다. 민들레가 피면 카트린 브레야는 더 이상 아프지 않았다. 여기서 잠깐, 카트린 브레야는 생각한다. 이제 영화를 보는 도중에 갑자기 등장하는 '중간 광고'가 아니라, 이런 '중간 예고편과 자막'이 나와도 좋겠다고.

"끔찍한 눈병에 걸리면 민들레가 좋아요.
눈병에 걸리지 않으려면 민들레를 끔찍하게
사랑하세요."

제4관

카트린 브레야는 민들레를 후 불면서 기찻길 옆에서 놀았다.
중학교에 올라가서는 자전거를 세워두고 민들레에게 뭔가 고백도
하기 시작했다. 이다음에 밴드를 하나 만들면 민들레밴드를 만들고
싶다. 요괴 같은 알프스 소녀들이 있는 '민들레 영토' 말고. 민들레
밴드에서 민들레를 티셔츠 주머니에 꽂고 민들레 한 다발씩
관중에게 나누어주며, 이제 민들레를 팔아먹는 나쁜 짓은 그만두고
민들레 홀씨를 후~ 불면서 살아가지 않을래요?

지금 즈음 카트린 브레야가 짝사랑했던 민들레는 어느 누구와 함께
한집에서 둥글고 예쁜 똥을 누고 있고 어느 누구와 함께 세상의
병충해를 피해서 둥글고 맑은 피를 만들며 두런두런 살아가고
있을까?

카트린 브레야는 민들레의 집 주소를 아직도 기억하고 있다.

민들레

....

....

그리운.

카트린 피레야 Catherine Breillat 의 민들레

코털은 의외로 빨리 자란다

김경주 Kim Kyung-Ju

코털은 의외로 빨리 자란다

세상에는 의외로 빨리 자라는 게 많다
콩나물도 빨리 자란다
감자잎도 빨리 자란다
땡깡도 빨리 자란다
신경질도 빨리 자란다

하지만 그중에 최고는 코털이다
코털은 의외로 빨리 자란다

아무도 모르게 자라서
콧구멍 속에서 숨 쉬는 쥐새끼처럼
쥐꼬리를 내놓고 이리저리 흔든다

숨 쉬는 쥐새끼처럼
콧구멍 속에서 코털은

따뜻하게
숨 쉰다

애인이 내 삐져나온 코털을 못 알아봤으면 좋겠다
하지만 애인이 코털을 알아본다고 해도
절대 다른 여자 앞에선 말하지 않았으면 좋겠다
살짝 문자메시지로 알려주면 참 좋겠다

코털은 의외로 빨리 자란다
너를 좋아하는 마음만큼 응큼하게
너를 미워하는 마음만큼 뾰족하게

나는 코털이 삐져나온 애인을 갖고 싶다
내가 사랑하는 애인들은 코털이 많았다
누워서 자라는 콩나물처럼
나는 딴청피우고
살고 싶다

코털은 의외로 빨리 자라니까.

Under Poem(미발표 詩)

이글 아이 체리의 종이학

Eagle-Eye Cherry

paper bird

날아가는 종이학을 부르기 위한
히치하이킹hitch hiking 안내 요강

I   종이학이 알을 낳으면
     사랑이 시작된다.

이글 아이 체리는 이 전설을 믿고
     종이학의 똥구멍을 10년 동안 열심히 들여다보았다.

II   종이학이 사랑을 하면 종이학은
     사람이 된다.

이글 아이 체리는 이 전설을 믿고
     종이학의 상대를 찾아주기 위해 10년 동안 노력했다.

III 종이학이 사람이 되면 종이학은
     다시 종이로 돌아갈 수 없다.

이글 아이 체리는 이 전설을 믿고
     사랑하는 사람을 만날 때마다 '너는 다시 종이로
     돌아갈 수 없을 거야'라고 말해주었다.

이글아이 체리 Eagle-Eye Cherry 의 종이학

IV   종이학이 전설이 되면 그건
            사람이 종이학이 되어 날아갔다는 것이다.

이글 아이 체리는 종이학이 되지 않기 위해
            전설을 믿지 않았다.

V   종이학이 울면 그건
            종이가 한 사람을 만나 사랑을 하고 싶다는 것이다.

그건 너무 서글퍼
            종이학에 사랑하는 사람 이름을
            함께 적어두지 못했다.

VI   종이학은
            사람과 사랑을 나누어 아이를 가졌고
            사람이 종이학의 목을 모두 벤 후 목을 맸다.

이글 아이 체리는
            이건 인간과 종이가 나누는 예의라고 생각했다.
            사람이 종이학과 예의를 나누면
            그건 종이에서 나오는 종소리가 된다.

VII　　　　　종이학은
　　　　　　밤마다 자기 몸이 접혔던 선으로 풀리면서
　　　　　　종이로 돌아간다.

　외로운 사람은
　　　　　그 소리를 종이학의 귀에서 나오는 소리로
　　　　　들을 줄 안다.

이글 아이 체리는 이런 마임극 대본의 시놉시스를 리투아니아
극단에 제출했다.

　　　　　　유리병 속에서 천 개의 종이학이 쏟아져 나온다

　　　　　　천 개의 종이 속에 있는 선들이 접히고 구겨지고
　　　　　　펴지면서 천천히 종이학이 되어간다

　　　　　　날개가 만들어지고 깃털이 만들어지고
　　　　　　가는 목이 만들어진다

　　　　　　천 개의 침묵이 필요하고
　　　　　　천 개의 눈동자가 필요하다

　　　　　　종이학이 고개를 편다
　　　　　　종이학의 눈동자 속에서 사람의 눈물이 흐른다

이글 아이 체리 Eagle-Eye Cherry 의 종이학

구아죠니
엔리코

의

크레파스

crayon

구아조니 엔리코는 일기장을 꺼내놓고 이렇게 쓴다.

크레파스에서 태어난

하늘,

크레파스에서 태어난

구름,

크레파스에서 태어난

나무들,

크레파스에서 태어난

엄마,

크레파스에서 태어난

파랑,

크레파스에서 태어난

이끼,

크레파스에서 태어난

바람,

크레파스에서 태어난

장화,

크레파스에서 태어난

시럽,

구아조니
엔리코
Guazzoni
Enricco
의
크레파스

크레파스에서 태어난

황달,

크레파스에서 태어난

산타,

크레파스에서 태어난

연두,

크레파스에서 태어난

아가씨,

크레파스에서 태어난

똥,

크레파스에서 태어난

살고 싶은 방,

크레파스에서 태어난

종소리,

크레파스에서 태어난

팽이,

크레파스에서 태어난

선인장,

　　　　크레파스에서 태어난

　　　　　　　　　　　　　　구름,

　　　　그리고

　　　　크레파스에서 태어난

　　　　　　　　　　　　　겨울.

그해 겨울 구아조니 엔리코는 크레파스를 안고 해변으로 가는 버스를 탔다. 해변에 가서 아무도 모르는 그림들을 혼자 그리다가 오고 싶었기 때문이다. 구아조니 엔리코는 민박집을 잡고 방바닥에 누워서 생각했다. '혼자서 밤까지 놀다가 심심해지면 그림을 좀 그리자. 그리고 라면을 끓여 먹자.'

구아조니 엔리코는 바다를 물새처럼 거닐다가 저녁이 되면 해변에 갈매기처럼 앉아 스프링노트를 펴고 해를 잔뜩 그려왔다. 누가 옆으로 다가오면 구아조니 엔리코는 으르렁거렸다. 해는 물이 잔뜩 오른 채 떠올랐다. 다음 날도
　　　　　　그다음 날도
　　　　　　　　　　해는
　　　　　　　　　　　　해 해 해 해
　　　　　　　　　　　　　　헤헤 헤헤
웃어주었다.

구아조니 엔리코 Guazzoni Enricco 와 크레파스

크레파스 속에서 해가 서서히 번져나왔다. 햇귀였다. 햇귀란 해가 처음 떠오를 때의 빛을 의미하는 순우리말이라고 수업시간에 배운 적이 있었다. 대학에 떨어지고 구아조니 엔리코는 재수학원 옥상 담장에서 그 스케치북을 찢어서 버리곤 했다. 스케치북 속에서 해가 떨어지면서 펄럭펄럭거렸다.

주먹으로 자기 아귀통을 치고 구아조니 엔리코는 이렇게 속삭였다.

헤
  헤
    헤
      헤
        헤

교실에서는 검은 해가 자주 떠올랐다. 구아조니 엔리코는 주머니에 살색 크레파스 하나만 넣고 다녔다.

사랑하는 사람이 생기면 구아조니 엔리코는 살색으로 그 사람의 목을 그려보곤 했다. 얼굴은 말고 목만.

구아조니 엔리코가 우울할 때 주로 쓰는 크레파스 색깔은 자주색이었다. 자주 자주 자주 자주 자주 자주 외로웠으니까.

구아조니 엔리코는 10년 후 일기장을 꺼내놓고 다시 이렇게 쓴다.

노란색 크레파스를 먹으면
                    심장이
                    노래질 것 같았다.

하늘색 크레파스는
        맑은 하늘을 만들 때에만
        사용한다.

분홍색 크레파스는
        사랑하고 난 이후에만
        사용하기로 한다.

보라색 크레파스는
        절대 남에게 빌려주어서는
        안 된다.

크레파스를
몽땅 주워 먹고 자살한 사람이 있다면
그의 무덤을 찾아가고 싶다.

외로우면
초록색 크레파스를 얼굴에 바르고
거리로 나서자.

그래도 외로우면 크레파스 동호회에 가입한다.

모여서
      북북

        모여서
            북북

스케치북 바깥으로
        안에 그려놓았던
            꽃과 나무의
                물관들이
서서히
    번져나오곤
        했다.

구아초니
엔리코
Guazzoni
Enricco
의
크레파스

존 길버트의 쥐덫

John Gilbert

mouse accident

쥐덫항공 안내방송

쥐덫항공 기장   안녕하십니까? 승객 여러분, 오늘도 저희 쥐덫항공을
이용해주셔서 감사드립니다. 저희 쥐덫항공은
다가오는 국제화 시대에 발맞춰 최근에는 전 세계
모든 쥐가 살고 있는 169개국을 왕복 운항하고
있으며 보다 나은 고객 서비스를 위해 항상 최선을
다하고 있습니다. 한번 믿으시면 저희 쥐덫항공은
말 그대로 쥐덫처럼 고장이나 불량에 대한 불안이
말끔히 사라지고, 쥐덫처럼 전 세계 어느 매장에서
구매하시더라도 똑같은 품질과 디자인, 성능을
갖춘 항공으로 거듭나기 위해 노력하고 있습니다.
무엇보다 저희 쥐덫항공은 낮말은 새가 듣고 밤말은
쥐가 듣는, 소문으로 유일하게 전 세계를 떠돌고
있는 항공으로서
        죽어도,
                죽어도,
                        다시 번식하고
있습니다. 저희 승무원 전체가 항상 왼쪽 가슴에
달고 있는 명찰의 캐치프레이즈 문구처럼
'추락은 우리에겐 패배가 아니니까요'라는 신조를
가지고 고객 여러분의 서비스를 위해 쇄신하고
있습니다. 가진 거라곤 쥐뿔도 없이 시작한 저희
쥐덫항공은 쥐도 새도 모르게 이륙했다가 쥐 뜯어

먹힌 것 같은 모양으로라도 어떤 상황에서건
안전한 착륙을 시도하고 있습니다. 또한 운행 중
막다른 길을 만나면 고양이를 물겠다는 갑급한
자세로 저공비행을 실시한 후 물에 빠진 생쥐
꼴로 고객, 여러분께 철저한 사과를 잊지 않고
있습니다. 기내에 계신 승객 여러분, 다시 한번 저희
쥐덫항공을 이용해주셔서 감사드립니다. 아울러
승객 여러분께서는 발밑에서 쥐가 나오더라도
걱정 마시고 계속 찍찍거려주시기 바랍니다. 저희
비행기는 최고의 성능을 보유한 쥐덫을 탑재하고
있습니다. 또한 저희 항공사는 기내에서 발견
즉시 쥐덫에 걸린 쥐들의 상체와 하체를 철저히
분리수거하여 공중에 날리는 것을 원칙으로 하고
있습니다. 운행 중에는 노트북, 휴대폰, MP3 등의
전자제품 사용이 금지되어 있고 항공법에 명기된
원칙대로 발가락을 꼼지락거리거나 앞에 놓인
포르노 잡지를 보시면서 담배를 태우실 수 있습니다.
담배가 없는 분들을 위해서 필터용 담배를 좌석 아래
스카치테이프로 두 개비씩 비치해두었으니 필요하신
분은 이용하시기 바랍니다. 비상 상황이 발생할
경우 당황하거나 서두르지 마시고 기내 앞에 있는
승무원의 지침에 따라 안전띠를 푸신 뒤 발밑에 놓인
비상매트를 펴시길 바랍니다. 이 비상매트는 저희
항공사가 올해 들어 야심작으로 개발한 구명보트가
아닌 구명본드로서, 최첨단 점액질로 이루어진

끈끈이 쥐본드에 네 명씩 짝이 되어 붙으실 수
있습니다. 비행기가 추락해 떡이 되어도 서로 살점이
붙어 있어야 보험 처리가 되오니 의무사항을 꼭
따라주시기 바랍니다. 저희 비행기는 공중에서 모든
엔진이 멈추어도 활공만으로 비상착륙을 시도할
수 있는 비행 성능을 보유하고 있습니다. 만약
공중에서 엔진이 멈추어도 당황하거나 찍찍거리심을
멈추지 마시고 저희 승무원이 먼저 한 명씩 우산을
들고 허공으로 뛰어내려 날아가는 이벤트를
관람하시면서, 마지막으로 기장이 쥐구멍에서
빠져나와 뛰어내리면 그때 천천히 KTX 역방향
좌석에 앉아 있다고 생각하시고 아파트 관리인의
이름을 떠올리거나 10년 전 수도세와 지금의 수질
차이 같은 것이나 다음 정권 대권 후보자의 병역의무
사항 같은 것에 대해 궁금해하시면 시간이 금방
갈 수 있습니다. 아시다시피 지금 전 세계는 쥐의
시대이고 쥐가 없는 곳은 없습니다. 쥐는 이제
우리에게 더 이상 살 곳을 빼앗기지 않고 있고
파업을 하며 세계 어느 구멍에서든 출몰하며 어느
곳에서든지 찍찍거리고 있습니다. 비행 중 쥐고기를
드시고 싶은 분은 기내에 특별히 준비해둔 감옥으로
들어가 계시면 승무원이 가져다드리겠습니다.
이 비행기는 현재 쥐들의 이민을 돕고 있는 국내
유일의 항공기입니다. 미국에 이어 우리나라에서도
엄격한 이미그래이션과 검색대 통과를 거쳐 강력한

감염력과 번식력을 지닌 쥐의 종은 출입국을
막고 있습니다. 지금까지 기장 윌리엄 로렌더
쥐며느리였습니다.

(기체 잠시 흔들림)

승무원　승객 여러분, 이 비행기는 지금 난기류를 만나 잠시
기체가 흔들리고 있습니다. 옆에 있는 쥐꼬리를 꼭
붙잡고 계시길 바랍니다. 쥐꼬리가 안 보이시는 분은
자신의 엉덩이를 살짝 들면 쥐꼬리는 항상 자신도
모르는 동안 그곳에 있습니다. 꼬리가 길면 잡히는
게 어디 쥐뿐이겠습니까? 감사합니다. 즐거운 비행
되시고 저희 쥐덫항공과 함께 유쾌한 찍찍이가
되시길 바랍니다.

(기체 잠시 흔들림)

집 안의 쥐덫 설치도

존 길버트 John Gilbert 의 쥐덫

이것은 어린 시절 존 길버트가 쥐덫을 설치했던 곳의 위치다. 쥐덫 표시를 목욕탕 표시로 해놓은 건 쥐들이 쥐덫에 걸렸을 때 머릿속이 부글부글 끓어오르기를 바랐기 때문이다. 밤마다 천장을 뛰어다니며 찍찍거리던 쥐들 때문에 존 길버트는 구구단을 6단까지만 외우다가 잠들곤 했다.

존 길버트   아무래도 9단까지 다 외우려면
              내 머릿속의 쥐들을 없애야겠어.

존 길버트는 골치 아픈 구구단을 위해서라도 쥐들을 집 바깥으로 쫓아버리고 싶었다. 어느 날은 천장이 퍽 뚫리는 바람에 잠자던 누이의 배 위로 어린 쥐 한 마리가 툭 떨어진 적도 있다. 앞니가 막 생긴 새끼 쥐였다. 초경을 막 시작한 누이는 쥐가 아닌 아버지를 원망하면서 울었다.

아버지   조용히 하지 못해!
             쥐새끼들이 다 네 울음소리 때문에
             달아나버리잖아.
             거의 잡을 뻔했는데……

존 길버트는 누이가 왜 쥐가 아닌 아버지에게 화를 내는지 궁금했다.

엄마   　누이가 이제 아주 작은 것들에도 예민해지는
　　　나이가 되어서 그런 거란다.

엄마는 존 길버트에게 알쏭달쏭한 말을 자주 하셨다. 존 길버트는 쥐들 때문에 누이를 오해하기는 싫어서 쥐를 잡아 통조림 통 속에 보관해두곤 했다. 쥐통조림을 만들어 고양이 '물론'이와 '물토마토'에게 주기 위해서였다. 가끔 쥐덫에 쥐는 보이지 않고 발만 붙어 있을 때도 있었다. 심지어 손가락만 남아 있을 때도 있었다. 존 길버트는 어떻게 쥐들이 쥐덫에 발이나 손만 두고 달아날 수 있었을까 궁금해했다. 존 길버트는 생각했다.

첫째　　　쥐는 쥐덫에 걸렸다가
　　　　　자기 입으로 손발을 끊고 달아났다.

둘째　　　쥐는 처음부터 스스로 발과 손을 뜯어서
　　　　　쥐덫 위로 툭 던져놓고 쥐덫이 맞는가, 살핀 후
　　　　　쥐덫이 맞는다고 생각하자 자신의 판단에 기뻐하며
　　　　　절뚝거리면서 사라졌다.

존 길버트 John Gilbert 의 쥐덫

셋째   죽은 동료의 팔다리를 던져두고
               존 길버트를 놀리고 있다.

존 길버트가 쥐본드를 쓰기 시작한 건 쥐들이 생각보다 영리하다고 느꼈기 때문이다. 물론 가난한 존 길버트에겐 전보다 훨씬 큰 치즈나 소시지를 미끼로 놓는 것이 더 어려운 문제였지만. 아무리 큰 미끼를 던져놓고, 쥐덫이나 쥐본드를 설치해놓아도 쥐들이 잡히질 않자 존 길버트는 점점 신경질이 나기 시작했다. 한번은 학교에서 수업 시간에 담임선생님이 자기 집에 있는 것 중 가장 많이 있는 것을 적어보라고 하셨다. 존 길버트는 그것을
                                                쥐들이라고 해야 할지,
쥐덫이라고 해야 할지
               난감했다. 사실 쥐덫의 개수는 대충 알겠는데 얼마나 많은 쥐가 집에 있는지는 정확하게 알 수 없었기 때문이다. 길버트의 아버지는 옆집 청년이 담벼락 아래서 담배를 피우고 있을 때에도

아버지   쥐새끼 같은 놈이야!

라고 하셨고, 어머니는 누이가 초록색 추리닝을 입고 어머니 화장품을 훔쳐 바르고는 늦게 돌아올 때도

엄마   쥐새끼 같은 년, 어딜 쏘다니다가

이제 들어오는 거냐!

라고 하셨기 때문에 존 길버트에게 이 모든 「쥐를 통계 내는 문제」는 어려운 일이었다. 존 길버트는 어느 날 홧김에 아무도 없는 틈을 타, 집 안 구석구석에 그때까지 가지고 있던 모든 쥐덫을 놓았다. 가진 것을 다 풀어버린 것이다. 발 디딜 틈 없도록 덫을 놓아 쥐들의 경로와 이동 자체를 막아보자는 심사였다. 물론 구멍에만 숨어 있는 쥐들의 허기가 어디까지 갈지 궁금했던 까닭도 있었다. 존 길버트 가족은 집 안으로 들어갈 수가 없었다. 밖에서 어머니가 쓰레받기로 쥐덫을 하나씩 치우는 것을 바라보며 존 길버트는 발이 꽁꽁 얼 것 같았다. 스스로 놓은 덫에 걸린 것이다. 존 길버트는 생각했다.

맞아,
집에서
쥐불놀이를 하자!

쿵.

아버지가 머리를 쥐어박았다.

아버지 쥐방울만 한 놈이 사고를 쳤구나!

존 길버트는 지금 처음으로 비행기를 타고 있다. 의자 발밑으로 쥐들이 지나다니는 상상을 하면서 이륙할 때, 동그란 창문으로 더러운 쥐들이 살고 있는 세상으로부터 자신이 점점 멀어지는 것을 바라본다. 존 길버트는 한 번도 날아본 적이 없는 쥐처럼 떨고 있다. 그런데 갑자기 머릿속의 복잡했던 쥐들이 다 달아나고 구구단이 9단까지 환해지는 것이 느껴진다. 그러곤 갑자기 이런 옛 생각도 났다. 택배기사를 하던 시절 실험용 생쥐를 배달한 적이 있는데, 늙은 연구원의 주문은 이랬다.

연구원   이 녀석들은 아주 예민하니 목적지까지
              조심스레 다루어주세요.

존 길버트   네, 염려 마세요.

어느 늙은 연구원의 주문. 존 길버트는 그래서 트럭 옆자리에 그 생쥐들을 태우고 찬송가를 틀어주었다. 맞아, 쥐들은 한 번도 날아본 적이 없지…… . 쥐덫에 걸려서 허우적대는 것처럼 존 길버트에게는 새로운 현기증이 일어났다. 보라구. 존 길버트는 아무도 모르게

혼자서
    찍찍거리기
            시작했다.

존
길버트
John
Gilbert
의
첫멋

실비오
로드리게스
Silvio Rodríguez
의
통조림

flesh can

통조림 입문서

통조림 속 복숭아는 네 알이다. 황도는 과육이 보숭보숭한 노란색이다. 노란색 복숭아 조각이 통 속에 덜렁덜렁 담겨 있다. 말캉 씹힌다. 입안에서 윤기를 한번 굴린 후 혀만으로도 반을 가를 수 있다. 이빨에 조금 힘을 주고 살짝 엉덩이를 깨물듯 뭉개면 속살이 부드럽게 입안에 젖는다. 달콤 국물은 숟가락으로 떠먹어도 좋고 두 손으로 통을 들고 들이마셔도 어른들에게 혼나지 않는다. 누구나 통조림 국물이 아깝다고 한번씩은 생각하니까. 복숭아 통조림 중 최고는 알쿠니아 황도통조림, 알루미늄 원통이 다른 것보다 조금 더 길고 오목하다. 백도 통조림은 요즘 잘 안 판다. 백도 2절, 흰색의 복숭아를 두 조각 내서 만든 통조림, 시골 구멍가게에 가면 가끔 보인다. 실비오 로드리게스는 명절날 시골 큰아버지 집 근처, 식료품 가게 선반 위에서 갑옷을 입고 서 있는 고독한 중세 기사처럼 먼지를 뒤집어쓰고 있던 통조림을 본 적이 있다. 아프고 나면 꼭 사주시던 황도통조림. 아버지는 이불 속에 누워 있던 나에게 통조림을 까서 밥그릇에 국물을 전부 부으신 뒤 계란 프라이처럼 황도를 둥둥 띄워주셨다.

　　　　　"이다음에 나는
　　　　　　　　정말 많이 아파야지."

실비오 로드리게스는 누렁이가 죽어갈 때도 매일 개밥그릇에 황도통조림을 까서 부어주었다. 바닥에 엎드려 눈을 감은 채 혀를 내밀고 국물만 쪽쪽 핥아먹던 누렁이, 두 눈 속에 커다란 황달이 녹고 있는, 우리 집 복숭이.

통조림 속에서 꽁치들이 떠다닌다.
꽁치의
머리,
꽁치의
꼬리,
꽁치의
뱃살,
이
출렁출렁한
것들이 물속에서 붙었다가 떨어졌다가 한다. 꽁치통조림 심부름 참
많이 갔다. 뼈도 와삭와삭 씹어먹을 수 있는 꽁치통조림. "다랑어가
무슨 고기인 줄 모르지만 왜 그놈만 통조림이 돼야 하지?", "참치
통조림은 부르주아라고." 꽁치통조림을 사이에 두고 이견이
분분했다. 참치, 그래봐야 오래 못 갈걸. 예상은 빗나갔고
참치통조림은 통조림계의 혁명을 낳았다. 대중은 참치통조림을
이제 편하게 찾을 수 있고 꽁치통조림은 자취생 냉장고에 틀어박혀
있거나 바다낚시 동호회 엠티mT 때에나 어부들의 술상에 오른다.
대신 성충보다는 번데기가 비싸며 귀하게 대접받는 시대가 왔고
꽁치라면(1980년대 운동권 학생들 사이에서 유행한 꽁치통조림으로 끓인 라면)은
추억의 프롤레타리아가 되어간다. 시인 김정환 선생님 집 근처
슈퍼마켓 '내외식품'에서 맥주에 안주삼아 먹은 적도 있다.
골뱅이처럼 우리는 입을 오물거리며 먹었고 검은 국물이 흘러내리는
어두운 하늘을 올려다보기도 했다.

통조림에서 아웃백out back이 시작된다. 통조림이라는 말을 처음 발음했을 때 실비오 로드리게스는 초등학교 저학년이었다. 실비오 로드리게스는 하루 종일

　　　　　　통
　　　　　　조
　　　　　　림

　　　　　　　　　을 발음했다. "통조림"이라는 발음이 주는 기묘한 느낌이 좋았다. 칠판에 나가 분필로 '떠든 사람' 밑에 통조림을 써보았다. 담임선생이 와서 머리를 쥐어박았다. "이 녀석아, 통조림만큼만 조용하거라!" 통조림이라는 단어는 알루미늄이라는 단어의 뉘앙스처럼 '물고기 신경학' 이론에 등장하는 학명學名 scientific name 같기도 하고 부드러우면서도 딱딱한 슈즈의 이름 같기도 했다. 대학 가서 미술대학 일일호프 때 앤디 워홀의 통조림 그림을 보고 와우! 하던 기억도 난다. 통조림통 디자이너(앤디 워홀)가 대단한 성공을 거두자 통조림 안에 있는 것들 말고 통조림 바깥에 있는 것들에도 관심이 가기 시작했다. 이를테면 껍딱! 같은 거. 통조림에선 뭐가 나오든 신기하다. 실비오 로드리게스는 가끔은 통조림 속에서 이런 것들도 나왔으면 좋겠다고 어느 날 몰래 자신의 수첩에 써놓은 적도 있다.

　　　　　　　　삐빠, 구슬, 아이큐 점프, 국민은행, 호치키스 알,
　　　　　　　　귀마개, 눈사람, 이끼, 물지렁이, 변비약, 달팽이,
　　　　　　　　볼링공, A4지, 타자기, 선인장, 마론 인형 머리, 발목,
　　　　　　　　어항, 모자, 필름, 속눈썹, 각설탕, 지느러미, 개똥,

실비오 로드리게스 Silvio Rodriguez Domínguez 의 통조림

피임약, 밀링머신, 형광펜, 폐를 촬영한 엑스레이
사진, 리모컨, 이구아나, 갈비뼈, 솜사탕, 신주머니,
공룡, 라면 스프, 가축 다이어리, 애드벌룬, 전구 알,
난중일기, 교우록, 줄넘기, 마우스, 두통약, 캐러멜,
콘돔, 승차권, 물먹는 하마, 악어, 도쿄타워, 기중기,
옷걸이, 국화꽃, 오리털 파카, 만화왕국, 고무공,
재떨이, 매표소, 마돈나, 이오네스코, 아르토, 뻥끼,
매독 등등.

통조림은 부패를 막는다. 통조림은 신선도를 보장하지는 않지만
썩지 않게 하는 효력이 있다. 통조림은 신문보다 덜 싱싱하지만
신문보다 더 상상력을 자극한다. 원통! 하면 슈퍼마켓 점원은
통조림을 손가락으로 가리킨다. 시식이 불가능한 원통can이다.
어떤 것도 유통기한이 없지는 않다. 실비오 로드리게스는 어느 날
미래 영화에서 복제되어 수천 개씩 생산라인 구멍으로 빠져나오는
커다란 통조림들을 본 적이 있다. 통조림엔 피가 담겨 있었고 다른
라인line에선 오토바이가 담긴 커다란 통조림이 나왔다. 흡혈귀들이
통조림을 까서 피를 마시고 대량으로 주문한 오토바이를 몰고
밤거리를 다녔다. 옵션으로 통 속에서 복제된 벗은 여자들이
기어 나왔다. 사람들은 "옥션Auction"을 이제 통조림이라고 부른다.
그렇지만 죽은 누렁이가 통조림에서 컹컹 짖어대면 정말로 웃길 것

같다. 통조림에 관해서 실비오 로드리게스가 이제부터 말하고 싶은 건 처음부터 끝까지 상상력에 관한 이야기다.

청포도
통조림에 관해 은
이야기하지
않는 건
청포도 맛 사탕이
훨씬
맛있기 때문이다.

실비오 로드리게스
Silvio Rodriguez Dominguez
의 통조림

롱포드 레이몬드의 펜팔북

Longford Rheymond

out of sight love letters

이것은 롱포드 레이몬드의 펜팔북에 관한 이야기다. 펜팔은 편지를 주고받으며 사귀는 벗이라는 뜻이다. 지금도 펜팔을 많이 하는지는 잘 모르겠지만 인터넷과 채팅이 유행하기 전, 펜팔이 유행하던 시절이 있었다고 하면 늙수레한 이야기를 꺼내는 것인가? 잘 모르겠다. 아무튼 손바닥만 한 유행가요 책을 사면 제일 뒷부분 몇 장 가득히 무수하게 적혀 있던 낯선 나라의 지명들과 함께 낯선 사람들의 주소가 거기 깨알처럼 모여 있었다. 외국인 전용도 있었고 전국지역도 있었다. 지금 생각해보면 영어로 서로 주고받으면서 영작문 실력을 좀 늘려보라고 민간 영어교육 보급 차원에서 개발된 아이템이라고 봐주기엔 조금 귀여운 구석이 있기는 하지만, 왜 하필 가요책 뒷부분에 펜팔주소록이 있었는지, 그 많은 사람의 주소는 어떻게 수집했는지, 정말 그들은 모두 실존 인물이었을지, 하는 생각이 들기도 한다. 여하튼 그땐 이쪽에서 편지를 보내기만 하면 내가 모르는 누군가가 내게 다시 편지를 보내온다는 사실 자체가 주는 설렘이 대단했다. 꼭 친구가 없거나 친구가 필요했다기보다 남몰래 은밀한 사생활을 만들어가는 기분이랄까? 지금에야 새로운 사람을 만나고 헤어지고 하는 일이 더 귀찮아지기도 했지만, 보낸 편지가 되돌아오는 일은 거의 없었으므로 편지를 기다리는 일은 사춘기의 몇 안 되는 즐거운 진통 중 하나였다.

롱포드 레이몬드는 중학교에 올라가면서부터 펜팔을 하기 시작했다. 첫 상대는 애리조나에 살고 있는 네 살 연상의 줄리아였다.

애리조나 줄리아 Arizona Julia

그녀가 보내준 사진을 통해 롱포드 레이몬드는 미국이라는 나라가 정말 어딘가에 확실히 존재한다는 사실을 처음 알았다. 뉴욕이나 워싱턴, 로스앤젤레스 같은 도시 말고는 처음 들어본 미국의 지명이었다. 애리조나, 애리조나. 롱포드 레이몬드는 혀로 둥글게 그 발음들을 말아보았다. 처음 편지를 받던 날에는 사회과부도를 펼쳐놓고 애리조나를 찾았다. 빨간 색연필 동그라미. 그녀가 보내준 사진은 끝도 없는 사막의 평원에 서서 해맑게 웃고 있는 모습이었다. 그녀는 붉은 머리카락을 가지고 있었다. 얼굴에는 주근깨가 많았고 롱포드 레이몬드보다 머리가 한 뼘은 더 커 보였다. 기구에서 내려온 '말괄량이 삐삐' 같은 느낌이었다고나 할까? 아버지는 농부이고 자신은 3남매 중 둘째이며 취미는 음악감상. 제임스 조이스의 『젊은 예술가의 초상』과 조지 오웰의 『동물농장』을 추천하고 싶다는 그녀. 그녀가 애리조나에 살고 있다는 사실만으로 롱포드 레이몬드는 친구들에게 대단히 으스댈 수 있었다. 그녀는 그냥 거기 살고 있을 뿐인데 말이다. 그 사실이 이쪽에서는 충분히 자랑거리가 될 수 있었고 외국인과 한 달에 한 번 편지를 주고받는 학우는 뭔가 스케일이 달라 보였던 것이다. 무엇보다 영어로 써야 한다는 난코스 difficult course가 있었지만 그런대로 영어로 된 생각을 조각 퍼즐 맞추듯 나열한 후 한국 영어교육의 핵심이라 할 만한 '문법'을 나름 똘똘한 친구들이 재배열해주는 공동의 편지는 그들만의 희열이었던 것 같다. 물론 그것도 힘이 들면 처음 몇 번은 샘플을 옮겨 적어 보내면 되었다. 하지만 답장이 오면 해석만은 공유하지 않고 혼자서 끙끙거리며 열심히 해보려고 했다. 마치 거기 무슨 대단한 비밀이 담겨 있기라도 한 듯이. 누렇고 여드름 총총 난 동양에 사는 소년을 호기심으로 좋아해줄지도 모른다는 이상한 자괴가 섞여 있었는지도 모르지만.

이미 연애를 몇 번 경험한 친구들은 펜팔을 주고받는 녀석들에게 이렇게 말하곤 했다. 그 애 사진 보면 자위masturbation가 잘되냐? 그들과는
        도시락을
             함께
                    먹지 않았다.

물론 해외펜팔은 1년을 넘기지 못할 때가 허다했다. 처음 몇 달은 상당히 진척을 보이지만 어떤 이유에서인지 소식은 자주 끊겼고 항공봉투가 주소 불명으로 되돌아올 때가 많았다. 그런 날에는 전에 받았던 편지에 붙어 있는 우표를 쓸쓸하게 만져보곤 했다. 대학에 갈 때까지만 해도 서랍 귀퉁이에 보관해두었던 그 편지들은 다 어디로 사라져버렸을까? 그녀는 지금 살아 있을까? 아줌마가 되었을까? 마리화나 신데렐라 88이나 LSD 롤링스톤스 같은 마약을 많이 먹고 혹시 날 떠올리는 날도 있을까? 가끔 생각해본다. '거리'에 대한

향수를 처음 갖게 해주었던 펜팔 걸 애리조나. 후에 이 세상에는 정말로 극복해야 할 많은 '거리'가 있다는 사실을 알고 문득 떠올리던, 줄리아. 그녀가 그리워지면 롱포드 레이몬드는 노래방에 가서 「줄리아」를 열심히 부르곤 했다.

롱포드 레이몬드의 두 번째 상대는 모국인이었다.

이번에는 군 시절에 시도했던 접촉이었다. 롱포드 레이몬드는 어느 날 벙커bunker에 들어가 후임병과 함께 건빵을 먹으면서 보초를 서고 있었다. 건빵 씹는 소리가 아삭아삭 들렸다.

롱포드 레이몬드   도대체 여기 같은 후방 산 구석에 간첩이 어떻게 나타난다고 나보고 이런 구멍에 들어가 몇 시간씩 있으라는 거지?

롱포드 레이몬드는 볼멘소리로 총을 바닥에 던져놓고 건빵을 더욱 와작와작 씹어먹고 있었다. 옆에서 사각사각 먹던 후임병이 말했다.

쫄병	김 상병님. 어쩐지 오늘따라 외로워 보이십니다. 제가 나이스nice한 친구 한 명 소개해드릴까요?

롱포드 레이몬드	내가 외로워 보이는 것과 상관없이 네 친구는 소개받겠다!

후임병은 슬며시 미소를 지으며 뒷주머니에서 가요책을 꺼냈다.

쫄병	뒷부분에 여자 주소가 나이, 지역별로 좌르륵 있습니다. 깔쌈한 이름으로 한번 골라보시죠.

롱포드 레이몬드	네가 중매쟁이를 이런 식으로 하는 건 별로 유쾌하진 못하다만 골라보도록 하자. 너와 내가 한 명씩 고른 후 각각 편지를 써서 보내는 거다. 그리고 답장은 모두 내가 받는다. 일단 시작했으니 첫 주에 연락이 안 오면 다시 한번 보내보고 그 다음 주에는 같은 내용의 편지를 여기 1번부터 끝까지 융단폭격하는 거다. 물론 모두 네가 쓰는 거고 답장은 모두 내가 받는다. 내 제안이 맘에 들지 않는다면 지금 총으로 네 머리를 쏘고 내 옆에서 죽어도 좋다. 그러면 이 사건으로 내가 정신적인

충격을 받았다고 여기고 사단장은 며칠간 특별
휴가라도 보내줄지 모르니까.

졸병   예썰!!

롱포드 레이몬드가 편지를 받기 시작한 건 몇 주가 지나서였다.
경남 마산에 사는 11세 ○○초등학교 6학년, 오순정. 군인 아저씨로
시작하는 호칭을 오빠로 바꾸기까지 6개월이 걸렸다. 가족이나
친구를 통틀어 단 한 번의 면회도 못 해보고 전역을 했지만 그
소녀가 보내준 크리스마스카드는 아직도 잊지 못한다.

소녀   롱포드 레이몬드 오빠, 우리 아빠도 국립묘지에
       있어요. 그런데 국립묘지를 지키는 군인 아저씨들은
       북한군이 국립묘지를 훔쳐갈까봐 지키는 거예요?

롱포드 레이몬드의 마지막 답장은 이랬다.

롱포드 레이몬드　　이 오빠는 군인이 되려고 태어난 게 아니란다.
어쩌다 태어나보니 군인이 될 수밖에 없는
운명이었지. 네가 그걸 이해할 즈음엔 오빤 군대가
있는 쪽으로 오줌도 누지 않고 있을 거야, 안녕.

롱포드 레이몬드의 마지막 펜팔 상대는 '라이너 마리아 릴케'
였다. 롱포드 레이몬드는 어느 날 갑자기 깨어나보니 '이상한 편지
쓰기 증후군'에 휘말려버렸다. 누구나 뭔가에 지독하게 감염되고
있다고 생각하는 시기가 있기 마련이다. 롱포드 레이몬드는 연필을
들고 이상한 생태계를 떠돌고 있는 그림자들을 그리기 시작했다.
얼핏 보면 글쓰기 같기도 했지만 사람들은 그것을 낱말놀이에
불과하다고도 말했다. 상관없었다. 어느 날부터 롱포드 레이몬드는
죽은 라이너 마리아 릴케Rainer Maria Rilke에게 편지를 보내기 시작했다.
답장이 올 리 없기 때문에 직접 썼다. 그렇게 쓰고 받은 편지가 수백
통에 이르자 롱포드 레이몬드는 펜팔을 그만두었다. 차라리 시를
쓰는 것이 낫겠다고 생각했기 때문이다.

　　릴케 씨에게

　　그동안 잘 지내셨나요? 오늘은 4월 9일입니다.

사는 게 엉망진창입니다. 엉망진창으로 살아서 릴케
씨가 그립습니다. 그리워서 오늘은 4월 9일입니다.
그동안 많이 읽었지만 아직도 필요한 삶입니다.
삶이 필요해서 그동안이 그립습니다. 그동안
그리워서 그동안과 그리움 사이가 엉망진창입니다.
오늘은 4월 9일이어서 누가 내 삶을 훔쳐갈까봐 사는
겁니다.

롱포드
레이몬드
Longford
Raymond
이
有明版

드미트리 아르칼제스크의 어항

Demetri Arkaiegv

fish plison

펄프극장

드미트리 아르칼제스크는 어항에 관해서 틈 날 때마다 메모해왔다. 기회가 된다면 어항에 관한 자료들을 몽땅 모아서 독립진independent magazine을 만들어보고 싶었기 때문이다. 드미트리 아르칼제스크는 어항을 통해서 세상을 배웠다. 어항의 상상력. 어항 안을 물끄러미 바라보고 있으면 시간이 금방 지나갔다. 학교에서 돌아와 책가방을 던져놓고도 들여다보았고 어머니가 돌아오시지 않는 날 밤, 잠이 오지 않으면 하염없이 어항만을 바라보고 있었다. 어항 바깥의 세상과 어항 안의 세계가 같아질 때까지 어항은 얼굴을 집어넣고 살기에 좋은 곳이었다. 어항 안에 고개를 박고 바라보면 어항 속은 정말 판타스틱했다. 어떤 날은 물고기들이 드미트리의 눈동자를 쿵쿵거리다가 가기도 했고 콧구멍으로 물풀이 들어오기도 했다. 물속을 떠도는 먼지를 먹는 물고기를 본 것도 그때가 처음이었다. 그러나 어항을 계속해서 보고 있으면 숨이 울렁거렸다. 그것은 드미트리 아르칼제스크가 숨 쉬기 곤란했기 때문이라기보다는 어항도 숨을 쉰다는 사실을 알았기 때문이다. 사람은 누구나 어항 속에 무엇인가 넣고 싶어한다는 사실, 저금통도 아닌데 왜 그럴까? 드미트리 아르칼제스크는 그런 의문을 가지고 살았다. 병아리를 어항에 넣을 수 없다는 사실, 꿈속에 자주 등장하는 코끼리나 무언가 잘못하는 일이 생길 때 아버지가 드미트리 아르칼제스크를 때리기 위해 찾던 가죽 허리띠를 담가놓을 수도 없다는 사실을 이해해가면서 드미트리 아르칼제스크는 스프링 노트spring note에 무언가를 메모했다.

코끼리가 사는 어항 elephant bath

'이제부터 이 어항에는 내가 넣고 싶은 것들을 넣어둘 거야.'
드미트리 아르칼제스크는 태어나서 지금까지 어항을 다섯 마리
길렀다. 다섯 마리 어항을 기르는 동안 드미트리 아르칼제스크에게는
무수히 많은 일이 지나갔지만 어항 속에도 무수히 많은 일이
생겼다는 사실이 중요하다. 사람들은 어항 속에 무언가를 기른다고
생각하지만 드미트리 아르칼제스크의 생각은 조금 달랐다.
드미트리 아르칼제스크는 어항 자체를 기르는 것이 더 중요하다고
생각했다. 어항은 물이 담기는 순간 하나의 생태계다라는 생각을
하면서 자신이 자연주의자라고 믿는다. 드미트리 아르칼제스크는
언젠가 '그 자연주의자의 노트엔 늘 푸른 눈이 내린다'라는 제목의
시를 썼다. 어항 속에 내리는 눈을 생각하면서 그 시를 지었다.
이것은 드미트리 아르칼제스크가 지금까지 다섯 마리 어항을 기르는
동안의 몇 가지 메모에 해당된다.

62쪽   어항 속은 고요하다.

12쪽   어항엔 물레방아도 있고 바위도 있고
        모래알들도 있고 수초들도 있다.

231쪽   공기방울은 수면에 닿은 후 다시 물속으로
가라앉으며 희미한 동심원들을 물속에
가득 퍼뜨린다.

344쪽   그 동심원들을 손가락을 꺼내 세어보면서
어떤 물고기는 하루를 보낸다.

56쪽   물은 주인이 일주일에 한 번씩 꼬박꼬박 갈아주기
때문에 웬만해선 더러워지지 않는다.

78쪽   계절에 따라서 물은 자주 바뀐다.
물은 물속으로 밀려갔다가 밀려온다.

132쪽   열대어들이 왔다 갔다 한다. 푸른색의 열대어,
지느러미가 매끈한 열대어, 눈이 투명하게 젖어 있는
열대어. 가끔 햇빛이 유리에 녹아 무지개를
만들어내기도 한다.

556쪽   무지개에 지느러미가 닿거나 어항 속으로 내려온
무지개에 아가미가 닿으면 물고기는 오래 살지

드미트리 아프칼리예스크 Demetri Arekaljesk 의 어항

못한다.

90쪽   "무지개가 금붕어들을 하나씩 데려가는 거야."
청거북이 바닥에서 작은 눈을 치켜뜨며 말했다.

264쪽   무지개는 헛것이다. 헛것으로 죽을 수 있는 것도
많다는 사실이 어항에는 많다.

46쪽   무지개를 보아버려서 눈이 멀어버린 물고기.
바다를 그리워하는 모형 불가사리, 누군가 우연히
지나가다가 툭! 떨어뜨린 동전을 삼켜버린 물고기.
주인은 하루에 두 번 물고기 밥을 준다.

190쪽   어항에 들어온 지 얼마 되지 않은 열대어 '시그마'는
바위틈에 숨어서만 지낸다. 어느 날 '시그마'는
둥그런 테를 가진 반지 하나가 보글보글 거품을
내면서 바닥으로 가라앉는 것을 지켜보았다.

68쪽   바다에 가서 해변에 뜨거운 알을 낳고 죽고 싶다는
늙은 거북이 몸속에서 손을 꺼내 자신의 두 눈을

가렸다.

1쪽 그녀가 눈물을 흘리며 손가락에서 반지ring를 꺼내 어항 속으로 떨어뜨렸다.

드미트리
아르칼레스크
Demetri
Arekaljesk
의 어항

바넷 보리스의 솜사탕

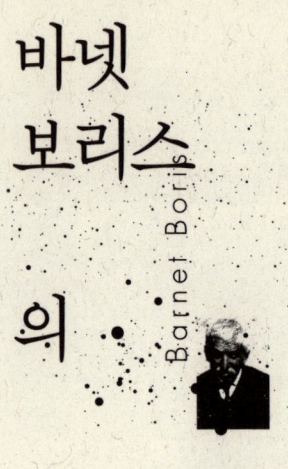

cloud candy

서커스 매직 혁명당원의 솜사탕
circus magic revolution cloud candy club

바넷 보리스는 어린 시절 휴일에 아버지 손을 잡고 서커스를
구경간 적이 있다. 늘 바쁘시던 아버지가 그날은 비번이었는지
아침부터 누이들 얼굴을 씻기고 깨끗한 옷을 손수 챙겨 입히셨다.
바넷 보리스와 누이들은 오랜만에 외식도 하고 서커스도 구경할 수
있다는 생각에 뛸 듯이 기뻤다. 명절날 티브이에서만 보던 '서커스
매직 유랑단'은 환상적이었다. 몇 년에 한 번 지방으로 올까 말까 한
순회 서커스단의 가설 천막은 그야말로 줄 서는 사람으로 빽빽해서
치일 지경이었다. 쇼를 직접 볼 수 있다는 사실만으로도 무대
위의 단원들은 신기함 그 자체였다. 처음 보는 묘기와 무대세팅,
연기력까지. 쇼가 진행될수록 구경꾼들은 점점 긴장의 부피감과
깊이감을 더해가는 서커스의 리얼리티에 압도당했다. 원근법을
무시한 채 기울어진 세트와 난간들을 뛰어다니는 동물들이며
허공을 날아다니는 공중묘기, 마술쇼까지. 단원들은 극단적인
왜곡의 형태로 관객에게 생경한 놀라움과 신비감을 안겨주었다.
나중에 바넷 보리스는 이때 처음 본 서커스 무대의 압도적인 경이를
자신의 공연 작업에 도입시켜 보여주고자 애쓴 적이 있다. 서커스·
단원들처럼 기괴한 자세와 태도로 움직이는 프리츠 폰 운루의
연극 「혈통」에서처럼 자신도 그런 기법들을 쓰고 싶었다. 서커스
쇼가 끝나자 사람들은 기념촬영을 하기 위해 코끼리 주변에 줄을
서서 기다리기도 했고(대부분 남인도에서 온 코끼리를 처음 보았기 때문에) 몸이
미루나무처럼 휘어지고 파라마운트 사의 특수효과처럼 변하는

단원들과 팔짱을 끼고 '폴라로이드 즉석사진polaroid camera'을 박기도 했다. 플롯plot은 진전되어야 하고 구도structure는 배우가 움직이면 깨지기 마련이다.

바넷 보리스와 누이들은 그날 하루 종일 솜사탕을 마음껏 먹을 수 있었다. 아버지께서 계속 밥 대신 솜사탕을 사주셨기 때문이다. 솜사탕을 손에 쥐는 날은 즐겁지만 언제나 끼니는 대충 넘어간다.

혁명이라는 단어가
     솜사탕처럼
         달콤하듯이.
배가 고프지만
   성공한
     혁명단원들처럼.

바넷 보리스는 혁명군들이 솜사탕을 든 채 진군avant-garde하는 꿈을 그날 밤 꾸었다.

   배 속에
     잠들어 있던
        솜사탕이

주목을 끌기 시작했다.

장 트라블타腸 trouble.

바넷 보리스 Barnet Boris 의 솜사탕

필립 카파의 꼬막

Philip Kappa

shut up shell

음프롬

꼬막이 벌어지면 낙하산처럼 펴진다. 꼬막을 솥에 통째로 삶아 먹고 카파는 계속해서 사건이 있는 현장으로 뛰어내리고 싶다는 얘기를 중얼거렸고, 카파는 필요한 다섯 번의 낙하 훈련을 받았다. 그 뒤로 그는 계속해서 우리 뒤를 따라다니며 낙하를 했다. 다음 낙하가 언제 있을지 정확한 날짜를 예측할 수가 없었다. 카파가 우리와 함께 기다리며 좋아하지 않는 일을 참아내야 한다는 의미였다. 그건 그의 마음에 드는 일이 아니었다. 레스터서 주변에서 빈둥대거나 소호의 환락가를 드나들기 좋아하던 그는 자연히 후자 쪽으로 기울었다. …… 그는 같이 있으면 즐거운 친구였다. 대화 주제가 항상 음담패설이나 사진만은 아니었다. 그는 실전 경험이 많았고 전투부대에 대한 평가와 전투 방법에 대한 식견은 전문가 이상이었다. 꼬막은 베르톨트 브레히트, 에른스트 톨러, 카를 추크마이어 등의 연극과 연출가 막스 라인하르트, 에르빈 피스카토르 등이 훌륭하게 연출할 수 있는 막drama이다. 꼬막은 조명 장비 없이 광도가 낮은 곳에서 작업을 할 수 있는 해녀들의 연출(물질)이다. 동독 시절 베를린에서 죽은 해녀를 바닷속에서 건져올리는 듯한 연출 방식은 브레히트의 전속 메소드method였다.

* 로버트 카파의 자서전에서 부분 인용함

미스 룰루벳의 고양이

Miss Ruluv

selfish elegance

· ·

펠프극장

미스 룰루벳은 노트에 고양이라고 써본다.

고양이 고양이 고양이 고양이 고양이 고양이 고양이 고양이 고양이
고양이 고양이 고양이 고양이 고양이 고양이 고양이 고양이 고양이
고양이 고양이 고양이 고양이 고양이 고양이 고양이 고양이 고양이
고양이 고양이 고양이 고양이 고양이 고양이 고양이 고양이 고양이
고양이 고양이 고양이 고양이 고양이 고양이 고양이 고양이 고양이
고양이 고양이 고양이 고양이 고양이 고양이 고양이 고양이 고양이
고양이 고양이 고양이 고양이 고양이 고양이 고양이 고양이 고양이
고양이 고양이 고양이 고양이 고양이 고양이 고양이 고양이 고양이
고양이 고양이 고양이 고양이 고양이 고양이 고양이 고양이 고양이
고양이 고양이 고양이 고양이 고양이 고양이 고양이 고양이 고양이
고양이 고양이 고양이 고양이 고양이 고양이 고양이 고양이 고양이
고양이 고양이 고양이 고양이 고양이 고양이 고양이 고양이 고양이
고양이 고양이 고양이 고양이 고양이 고양이 고양이 고양이 고양이
고양이 고양이 고양이 고양이 고양이 고양이 고양이 고양이 고양이
고양이 고양이 고양이 고양이 고양이 고양이 고양이 고양이 고양이
고양이 고양이 고양이 고양이 고양이 고양이 고양이 고양이 고양이
고양이 고양이 고양이 고양이 고양이 고양이 고양이 고양이 고양이
고양이 고양이 고양이 고양이 고양이 고양이 고양이 고양이 고양이
고양이 고양이 고양이 고양이 고양이 고양이 고양이 고양이 고양이
고양이 고양이 고양이 고양이 고양이 고양이 고양이 고양이 고양이
고양이 고양이 고양이 고양이 고양이 고양이 고양이 고양이 고양이

고양이 고양이 고양이 고양이 고양이 고양이 고양이 고양이 고양이
고양이 고양이 고양이 고양이 고양이 고양이 고양이 고양이 고양이
고양이 고양이 고양이 고양이 고양이 고양이 고양이 고양이 고양이
고양이 고양이 고양이 고양이 고양이 고양이 고양이 고양이 고양이
고양이 고양이 고양이 고양이 고양이 고양이 고양이 고양이 고양이
고양이 고양이 고양이 고양이 고양이 고양이 고양이 고양이 고양이
고양이 고양이 고양이 고양이 고양이 고양이 고양이 고양이 고양이
고양이 고양이 고양이 고양이 고양이 고양이 고양이 고양이 고양이
고양이 고양이 고양이 고양이 고양이 고양이 고양이 고양이 고양이
고양이 고양이 고양이 고양이 고양이 고양이 고양이 고양이 고양이
고양이 고양이 고양이 고양이 고양이 고양이 고양이 고양이 고양이
고양이 고양이 고양이 고양이 고양이 고양이 고양이 고양이 고양이
고양이 고양이 고양이 고양이 고양이 고양이 고양이 고양이 고양이
고양이 고양이 고양이 고양이 고양이 고양이 고양이 고양이 고양이
고양이 고양이 고양이 고양이 고양이 고양이 고양이 고양이 고양이
고양이 고양이 고양이 고양이 고양이 고양이 고양이 고양이 고양이
고양이 고양이 고양이 고양이 고양이 고양이 고양이 고양이 고양이
고양이 고양이 고양이 고양이 고양이 고양이 고양이 고양이 고양이
고양이 고양이 고양이 고양이 고양이 고양이 고양이 고양이 고양이
고양이 고양이 고양이 고양이 고양이 고양이 고양이 고양이 고양이
고양이 고양이 고양이 고양이 고양이 고양이 고양이 고양이 고양이
고양이 고양이 고양이 고양이 고양이 고양이 고양이 고양이 고양이
고양이 고양이 고양이 고양이 고양이 고양이 고양이 고양이 고양이
고양이 고양이 고양이 고양이 고양이 고양이 고양이 고양이 고양이
고양이 고양이 고양이 고양이 고양이 고양이 고양이 고양이 고양이

고양이 고양이 고양이 고양이

고양이는 고양이라고 부르는 길로 다니지 않는다. 사람들은 고양이에 대해 떠들어대고 고양이를 이 세상의 무엇과도 바꿀 수 없는 애정의 대상처럼 여기며 고양이 이야기만 나오면 흥분하고 마치 자신이 '행복한 철학자'라도 되는 것처럼 고양이를 기르는 법이나 고양이와 나누는 어떤 감정의 질서에 대해 털어놓고 만족한다. 물론 다 틀린 이야기는 아니다. 고양이는 충분히 매력적이고 고양이에 대해 글을 쓰려고 하면 미스 룰루벳 역시 책 한 권은 너끈히 쓸 수 있을 것 같다. 미스 룰루벳에게도 물론이, 문란이 등등 수없이 많은 고양이가 가족이 되어준 적이 있다. 하지만 미스 룰루벳이 고양이를 생각할 때 가장 행복한 것과 고양이에 대해서 글을 쓸 때 가장 행복한 지점은 다르다. 고양이를 떠올리면 아주 많은 것이 떠오르지만 고양이를 쓰려고 하면 고양이, 이 단어만 떠오르고 그 단어만 쓰고 있을 때가 가장 행복하다. 고양이라는 단어를 자세히 보면 정말 고양이처럼 생겼다고 생각해본 적 없는가.

강아지는
        3년이 지나면 주인에게
                완전히 복종을 하게 된다지만
고양이는
        3년이 지나면 그때부터
                진짜 자기 모습을 드러낸다고 한다.

랭던 해리의 하모니카

Langdon Harry

oral corn performance

랭던 해리는 한 2년 정도 고등학교에서 학생들을 가르친 적이
있다. 과목은 문예창작creative writing이었고 랭던 해리는 일주일에
두 번 정도 시 창작을 맡았다. 주로 전날 술을 질펀하게 마신 탓에
잠을 자다가 일어나서 '이런 늦었군' 하며 나가곤 했다. 학생들에게
시보다는 이상하고 기묘한 책들을 소개해주거나 유행하는 문화에
대해 이것저것 따지거나 토론하는 것이 일과였고, 가끔 사회의
비릿한 구석들을 농지거리하듯이 툭툭 던져주기도 했지만 대부분
형편없는 선생 짓을 했다. 학생들이 선생님이라고 부를 때마다
어색했고 근 5년째 시간강사 노릇으로 지칠 무렵이었다. 시간당 1만
8천 원짜리 알바였다.

어느 날 쉬는 시간에 랭던 해리는 담뱃골(학생이나 선생들이 숨어서 담배를
피우는 학교 건물 뒤 구석진 곳)에 앉아 똥 누는 자세로 담배를 피우고
있었다. 연기가 모락모락 하늘로 올라가고 있었다. 그 아지랑이
속에 뭉게구름이 느적느적 움직이는 나른한 오후였다. 한 시간만
더 버티자. 이렇게 생각하고 있던 차, 한 학생이 불쑥 앞에 나타나
있었다. 옆반 남학생이었다. 엉뚱한 소리를 꽤나 한다고 학급에서
이상한 형식(?)으로 따돌림을 받고 있는 아이였다. 창백할 정도로
하얀색 피부를 가진 동안童顔이었고 검은색 뿔테 안경에 교복바지가
아래쪽으로 내려갈수록 통이 좁아지는 당꼬형 스타일을 즐기는
소년처럼 보였다.

드미트리 왜?

당꼬바지 학생 샘……. 전 하모니카도 잘 불어요.

드미트리 그거 훌륭하구나. 언제 한번 들려주렴.
샘도 열심히 해보려고 했지만 잘 안 되더구나.

당꼬바지 학생 저는 아시아에서 79등이에요.

드미트리 그게 무슨 소리니? 79등이라니?

당꼬바지 학생 아시아 하모니카 대회요……. 그런 게 있어요.

수업종이 쳤다. 랭던 해리와 학생은 각자 자기 교실로 걸어 들어갔다.

하모니카 대회가 있다는 것을 안 건 그때가 처음이었다. 아직까지도
하모니카는 전 세계적으로 왕성한 마니아 군락을 가지고 있는
악기라는 것도. 어떤 하모니카 대회는 유치원생부터 할아버지까지

체급별, 기종별로 나누지 않고 우리가 모르는 장소에 모여
주머니에서 조용히 하모니카를 하나씩 꺼낸 후 배틀을 뛴다는
사실도 알았다. 그들이 무슨 악보나 멜로디로 승부battle를 나누는지,
어떤 심사 기준이 있는지는 별로 관심이 가지 않았다. 랭던 해리는
재미있는 상상이 하나 떠올랐는데 아시아 각국의 사람들이 정해진
날짜와 시간에 집단으로 한 공간에 모여서 하모니카를 불면서
배틀을 뛰면 심사위원들이 가까이 다가가서 들어본 후 손등에
매직펜magic pen으로 점수를 매겨주는 상상이었다. 왠지 그래야만 할
것 같았다. 하모니카니까, 라고 말한다면 우기는 건가?

거기서 그 학생은 아시아권 78등이란다. 등수가 슬프게 느껴지지
않은 것은 그때가 처음이었다. 그건 그레이드grade를 나눈다기보다는
그냥 아시아에서 78번째로 이 대회를 알게 된 사람의 회원가입번호
같았다. 언젠가 기회가 되면 참가해야겠군. 랭던 해리는 그렇게
생각했고 이후 그 학생과 친해졌다. 언젠가는 그 비밀대회를 꼭
알아내기 위해서 랭던 해리가 골방에 틀어박혀 하모니카를 혼자서
불기 시작한 것도 그 무렵이었다. 스파이spy처럼.

하모니카는 비교적 불기 쉬운 악기 중 하나지만 의외로 잘 불기는
어려운 악기이기도 하다.

랭던 해리만 봐도 초등학교 시절부터 지금까지 줄곧 서랍의 한
귀퉁이를 차지하고 있었고 여행을 가거나 할 때 꼭 챙기는 악기지만

아직까지 제대로 마스터한 곡은 하나도 없다.

「나뭇잎 배」, 「그 집 앞」, 「클레멘타인」, 「엄마야 누나야」, 이런 곡은 누가 불러도 따뜻한 처연함을 지니고 있다. 어린 시절엔 하모니카를 잘 부는 게 정말 소원인 적도 있었다. 어쩌다가 외갓집에 가면 삼촌은 자기 방에서 하모니카를 불곤 했는데 밖으로 들려오는 소리가 그렇게 쓸쓸할 수 없었다. 외할머니께서 밥 먹으라고 해도 삼촌은 방에서 나오지 않고 하모니카만 불었다. 삼촌은 당시 공고를 다니고 있었다. 교내 대표이자 전국 대표 마라토너였다. 얼마 전 대회를 앞두고 발목에 부상이 생겨 출전하지 못해 저런다고 할머니께서 신경 쓰지 말라고 하셨다. 그게 무척 멋있어 보여서 랭던 해리도 발목이 부러지고 싶었다. 아니면 쓸쓸한 마라토너가 되든지.

하모니카는 애수哀愁의 악기다. 하모니카가 주는 정서는 명랑하지만 비애가 가득하고 비애가 가득하지만 명랑하다. 하모니카는 여러 명이 동시에 불면 이상한(?) 고독감을 불러일으키고 한 사람이 바윗덩어리나 빈 교실에 앉아 부르면 멀리서 그를 훔쳐보고 있는 듯한 느낌이 든다. 맞다! 어디선가 하모니카 소리가 들려온다면 우리는 그 소리를 훔쳐 듣고 있는 것이 확실하다. 서툰 곡 솜씨를 숨기기 위해서 지금 누군가 숨어서 하모니카를 불고 있는 것이 아니라 자신에게만 그 곡을 들려주고 싶은 사람이 저기 어딘가에 숨어 있는 것이다. 그들은 대부분 하모니카를 주머니에 넣고 다니거나, 하모니카 이야기를 하면 밤새도록 이야기가 끊이지 않는 사람들이다. 하모니카를 함부로 꺼내놓으면 무언가 어설프게 고독해 보일까봐 한참 고민해본 사람이다. 사실 하모니카를 한번 짝사랑하면 어느 정도 그런 위험은 감수해야 한다. '그게 하모니카 클럽'이니까.

하모니카 클럽 hamonica club

랭던 해리는 하모니카를 잘 연주하는 사람들과 친하지 않은 적이 없다. 군대 고참도 있었고 신학을 하는 선배도 있었고, 혼혈아로 자란 아마추어 복싱선수도 있었고 목수를 하기 위해 강원도로 떠나버린 후배도 있었고, 고아였던 바텐더 여자 후배도 있었다. 지금은 외교관이 되어 두 아이의 엄마가 된 여인에게 아끼던 하모니카 하나를 선물해준 적도 있다. 시베리아에서 만나서 초콜릿을 나누어 먹은 여인도 있었다. 그들과는 어떻게든 친해지고 싶었으니까. 그들에게는 하모니카보다 더 많은 이야기가 있었으니까. 하모니카를 사랑하는 사람들은 은밀한 녀석들이었고 그들은
                                                    인간의 어떤
신체보다
       '입술lip line'을
                사랑하는 사람들이었으니까.

랭던 해리는 지금 짝사랑했던 한 소녀의 입술을 떠올리는 중이다. 두툼하지만 늘 갈라져 있던 메마른 소녀의 입술, 분홍색, 랭던 해리는 손가락을 그 입술에 대볼 수 없었으니까. 손에 챕스틱이나 침을 묻혀 그 건조함을 달래줄 수 없었으니까. 그 입술이 생각나면 그 입술을 자신의 입술로 더듬는 상상이 필요했다. 그건 하모니카가 대신해주었다.

      숨
          구멍,
      숨
          구멍,
      숨
          구멍,
      숨
          구멍,
      숨
          구멍.

하모니카는 그렇게 생겼으니까. 입술이 입술을 만나는 악기니까. 랭던 해리는 숨구멍도 숨겼고 그 입술에 포개어지는 자신의 입술의 순간도 숨겼다. 그건 은밀한 접촉이니까.

어느 날부터인가 랭던 해리는 친해지고 싶은 사람에게는 다가가서
슬쩍 묻곤 한다.

주머니에

하모니카

있는 거 맞죠?

메닐몽탕의 알전구 소켓

Ménilmontant

egg bright

필라멘트 클럽 filament club

전구알 속에 몸을 옹크린 채 죽어 있는 벌레들의 희미한 눈을
바라보면 마음이 뿌옇게 변하곤 했습니다. 메닐몽탕은 벌레들이
어떻게 전구알 속으로 들어갔을까가 궁금하기보다는 어떻게 전구알
속으로 들어가서 저렇게 편안하게 누워 있을 생각을 했을까가
더 궁금해지곤 했습니다. 만지면 몸이 다 부서져버릴 것만 같은,
먼지처럼 부스스한 다리들이며 눈동자들이 이상하게 마음을 연하게
만들곤 했습니다.

버려진 전구알을 그냥 버리지 않고 소켓을 열어 필라멘트를 모으고
애정을 갖게 한 건 이 세상의 아주 작은 지하방과 다락방까지 다녀온
불빛을 경험한 시간을 만져보고 싶었기 때문입니다. 메닐몽탕은
버려진 전구알 속에 불빛의 화석이 담겨 있다고 자기보다 작은
아이들에게 거짓말을 시키곤 합니다. 아이들이 과학교과서나
부모님께 이상한 소리를 듣고 와서 따지고 들면 메닐몽탕은 혼자서
'필라멘트는 불빛의 물수제비skipping rock라고!' 생각하며 자신이
편집장으로 있던 아마추어 무선 종이컵통신에 기록을 남기고
삽니다.

우리는 기꺼이 어둠 속으로 빠져든다. 그 속에는
그만이 가지는 아름다움이 있다. 반면 서양 사람들은

발전에만 급급해 끊임없이 현재보다 더 좋은 상황을 만들어내려 한다. 세상을 더 밝게 만들기 위해 초, 석유램프, 가스등, 전깃불을 거쳐 그림자가 존재할 수 있는 공간을 최소한으로 만들기 위해 노력하는 것이다.

- 다니자키 준이치로의 『음예예찬』 중에서

메닐몽땅
Ménilmontant
의
알전구
소켓

로버트 런들럽의 텐트

Robert Lun

fake mountain cave

사람들은 두 종류로 나눌 수 있다.

- 텐트를 칠 줄 아는 사람

- 텐트를 칠 줄 모르는 사람

- 텐트에 들어가서 놀아본 사람과 텐트에 들어가서 안 놀아본 사람

우선 텐트를 칠 줄 아는 녀석은 십대 시절부터 깨어나자마자 아랫도리가 벌떡벌떡했던 놈들이다. 수업에 늦지 않기 위해 죽어라고 아랫도리를 흔들며 자전거 페달을 벌떡벌떡 밟았던 녀석들이고 학교 담과 개구멍의 위험 수위를 적절하게 조절하며 넘나들던 녀석들일 것이다. 도시락도 벌떡벌떡 쉬는 시간에 해치웠을 것이고 매도 벌떡벌떡 받아해치우며 야한 잡지를 책상 밑으로 돌려볼 때나 남몰래 찍어둔 다른 학교의 여학생과 눈이 마주치면 심장이 벌떡벌떡했을 것이다. 십대 시절 여름방학만 되면 산이나 해변으로 친구들과 함께 맥주와 줄줄이 비엔나를 가득 싸들고 바캉스를 떠나본 사람이다.

이십대가 되어서도 그들은 텐트camping를 즐긴다. 나이가 들어 혼자가 될 경우 십중팔구 그들은 낚시도구를 챙길 때 텐트를 꼭 챙긴다.

로버트 럴드럼 Robert Lundlum 의 텐트

혼자서 텐트를 쳐놓고 낚시를 하다가 잡념과 몽상이 풍부해지는
저녁이 되면 텐트 안으로 들어가 딸딸이 masturbation를 치고 나오는
사람일 확률이 크다.
        '외로워서라기보다는,
                자족할 구멍이
                        보이면

나도 모르게
       그 짓이
            익숙하기 때문이라고
                     말하는 편이 더

솔직해서.'
       이렇게 말할 수 있는 사람이다. 자위가 별건가. 아무도
모르는 텐트 속에서 저 혼자 뒤척거리고 꿈틀거리기지.
                           예술이

선빵이라면
    자위는
        늘
            후방에서.
                  이런 슬로건을 믿는 사람이다.
어떤낚시꾼보다 그들은 늦게까지 물속을 살피고 돌아오는 사람이다.
그들은 텐트를 죽을 때까지 포기하지 않는다.

텐트를 칠 줄 모르거나 텐트에 들어가서 안 놀아본 사람은
지금부터라도 텐트를 즐기자. Let's tent!

등산용품점에 가서 할인가에 판매하는 2인용 텐트(혼자 떠나더라도 항상 예기치 못했던 경우의 수를 생각해서 1인분의 여유는 있는 편이 좋다)를 구입한 다음 텐트를 싣고 떠날 생각을 해본다. 가족과 함께 계획을 꾸리는 것도 좋고 혼자서 과감하게 떠나볼 다짐을 해두는 것도 좋다. 하지만 주의할 것은 절대 텐트 치는 방법을 미리 공부할 필요가 없다는 것이다. 태풍이 불건, 모래바람이 몰아치건, '아니 당신은 그것도 못 해?!' 이렇게 옆에서 지켜보는 눈이 있다고 하더라도 혼자서 끙끙거리면서 텐트를 쳐봐야 한다. 텐트는 어느 정도 굴욕을 감당하고 만들어봐야 뼈대를 든든히 할 수 있다. 텐트는 방도 아니고 그렇다고 건축도 아니다. 달리 말하면 어떤 이에겐 방이 되기도 하고 건축이 되기도 한다. 사람이 들어가 살 수도 있고 사람 아닌 것도 들어가 살 수 있다. 텐트는 세워지기 전에는 그냥 사물이지만 펼쳐지면 다른 세계로 건너갈 수 있는 형이상학적 구멍이다. 그 안에서
      무슨 일이 일어나든지
            계.
              획.
                적.
                    이지 않을 가능성이 크다는
점에서,
    더 이상
        꽃이 피지 않는 땅에서도
              조립할 수 있는 방이고
태풍이 오면
    날아갈 가능성이

로버트 런들럼 Robert Lundlum 의 텐트

　　　　　　　　　아주 크다는 점에서
　　　　　　　　　　　　　　　　　　언제나
아슬아슬한
　　　　공간이다.

로버트 런들럼의 텐트 사육기 飼育記

　　　　제1기

'이 땅에 태어나서
　　　　　　혼자서 텐트 치고 살아가는
　　　　　　　　　　　　　　기분이 뭔지 알 것 같아.'
　　　어느 날 로버트 런들럼은 친구에게 이런 말을 들었다. 등산객이 아니더라도 우리는 살면서 아주 많은 종류의 산을 넘고 있다는 생각. 그 후로 로버트 런들럼은 글이 잘 안 써지거나 놀이가 잘 안 될 때 자신의 근황을 묻는 질문에 이렇게 대답하곤 했다.
'응,

요즘 난

　　절벽에 텐트 치고

　　　　사는 기분이야.'

　　　　　　　　암벽 등반 cliff camping의
가장 큰 묘미는 절벽에 텐트를 쳐놓고 허공에 둥둥 매달려
휴대용 스틸컵에 믹스 커피를 풀어 마시는 것이라고 한다.

제2기

로버트 런들럼은 주로 이런 곳에 텐트를 치곤 했다. 옥상, 자취방, 해변, 출석부, 계곡, 마당, 휴대전화 속, 수첩, 일기장, 사막, 산꼭대기, 연극무대, 계약서, 프리미엄 주스병 속, 콩나물시루, 성경책, 마르셀 프루스트 전집, H.R. GIGER 사진집, 다카노 아야 화집, 자동차 범퍼 등등.

제3기

다음은 당신이 텐트를 치고 텐트 속에 들어가서 할 수 있는 놀이다.

로버트 런들럼 Robert Lundlum 의 텐트

개살구 생각, 바늘시계 시침 분침 돌리기, 역기 들기,
볼펜심으로 귀 파기, 발로 아령 굴리기, 치마 입어보기,
손바닥 오므려 불빛 감추고 야광시계 야광 확인하기,
부르마블 게임하기, 발바닥 물집 터뜨리기, 라디오
듣기, 점당 10원짜리 고스톱 치기, 연필 깎기, 믹서로
당근주스 갈기, 아들 낳기, 딸 낳기, 새 신발에 운동화
끈 달기, 엄마 생각, 할머니 생각, 빤스 갈아입기, 모기
잡기, 파리 잡았다가 놓아주기, 잡았던 파리 다시 잡기,
암산 놀이, 다 쓴 건전지 입에 대보기, 이빨 닦기 등등.

다음은 당신이 텐트를 치고 텐트 속에 들어가서 해서는 안 되는
놀이다.

자전거 타기, 돌고래 훈련 시키기, 개 산책 시키기,
에어컨 달기, 라이터에 성냥불 올려놓고 폭탄
제조하기, 유자차 엎지르기(사방이 끈적거린다), 욕조
들여놓기, 바닥에 흙 뿌리고 채소 기르기, 열 쌍둥이
기르기, 거리에서 차에 치여 죽은 고양이 데려와
묻어주기, 발톱 때 벗기기, 형광등 달기, 피아노
들여놓기, 강의하기 등등.

사람들은 두 종류로 다시 나눌 수 있다.

- 텐트 속에서 할 것만 하는 사람

- 텐트 속에서 하지 말아야 할 것도 하는 사람

- 혹은 텐트를 연으로 생각하고 태풍이 오면 언젠간 하늘까지 날리고 싶어하는 사람

- 텐트를 시체라고 생각하고 창고에 가두어둔 채 절대로 꺼내려고 하지 않는 사람

로버트 런들럼 Robert Lundlum 의 텐트

킹 서니
아데
의 King Sunny Ade

순정만화

romance manga

시각적인 것과 언어적인 것이 혼합되어 있는
(순정)만화는 어쩌면 특별히 교차적인 매체의
모험 속에 놓여 있는지도 모른다.
이것이 사실이건 아니건 간에 (순정)만화는 처음부터
다른 형태로 바뀌는 경우가 많았다.

— 프랑수아 슈이텐, 브누아 피터스

세노그라피 클럽 scénographie club

킹 서니 아데는 '유리가면'을 쓴 채 행로에 박차를 가했다. 자신이
타고 있는 기차는 『영불 해협 아래로 떠나는 여행』 지誌의 지침대로
움직이고 있었다. 킹 서니 아데는 기차의 동력은 세노그라피가
창조한 순간적이고 덧없이 허무한 세계 안에서만 움직일 수 있다는
것을 알고 있었다. 기차 내부는 어떻게 스크린 뒤에서 음향 효과를
만들어낼 수 있는지를 보여주는 1909년 고몽사 홍보 책자의
그림처럼 신비했다. 킹 서니 아데는 자신의 왼쪽 귓속에서 자꾸
금속판을 흔들면서 천둥소리를 내고 있는 피아노에 집중하고
있었다. 곧 '피아노의 숲'에 다다를 것이다. 킹 서니 아데는 얼마 전
'바나나 스쿨banana school'을 졸업했고 박물관에서 오래된 기록물을

보관하는 방식 중 하나인 뮤제오 그라피(박물관 공간 디자인) 라이선스를 취득한 후 사진작업실, 납골당 탐험, 신기한 비행 등을 몇 차례 경험했다. 그곳에서 만난 『꽃보다 남자』, 『그 남자 그 여자』, 『건방진 천사』, 『레드문』 등은 좋은 동행이 되어주었다. 그 무렵 킹 서니 아데의 동료들은 기자, 캐리커처, 만화가 등이 많았는데, 그중에서도 근사한 세노그라피를 추천해준 친구가 몇 있었다. 쿰비아 크레올이라고 불리는 그 친구는 누구보다 기구 제조술에 관심이 많은 친구였고 비행기나 헬리콥터 등의 제조술까지 공부하던 중이었다. 쿰비아 크레올은 킹 서니 아데에게 본격적인 세노그라피의 세계로 들어오기 전 먼저 쥘 베른의 작품 『지구에서 달까지』와 『달 주위』를 꼭 탐독하기를 권했다. 쿰비아 크레올은 자신이 가장 존경하는 세노그라피의 캐릭터로 나다르Nadar(1820~1910)를 맘에 두고 있으며, 그는 비행선 제조 부분에서는 잘 알려져 있지 않지만 그 분야의 선구자이며 무엇보다 쥘 베른의 두 권의 소설 속 미셸 아르단의 실제 모델이었다는 점에서 전설적인 인물임에 틀림없다는 것을 강조했다. 쿰비아 크레올은 『나의 지구를 지켜줘』, 『가면속의 사랑』, 『신의 아들 람세스』, 『10대에 하지 않으면 안 될 50가지』, 『섹시한 못난이』, 『소녀본색』, 『열혈인어』, 『난 꽃미남이 좋아』, 『비타민』, 『동경 줄리엣』, 『조폭선생님』, 『노멀리티』, 『천생연분』, 『보디가드』 같은 매물을 극도로 혐오했다. 자신이 그동안 읽은 『나다르의 변형들』에 전혀 근접할 수 없는 수준이라는 이유에서였다. 킹 서니 아데는 쿰비아 크레올이 흥분할 때의 표정이 마치 1908년 『리틀 네모』가 뮤지컬 코미디 형태로 브로드웨이 무대에 올려졌던 것처럼 우스꽝스럽다고 생각했지만 그가 심혈을 기울이는 스펙터클에 상처를 주고 싶지는 않았다.

아르미인의 딸들

킹 서니 아데는 곧 『아르미인의 네 딸들』을 만나러 갈 예정이었다.
그는 아르미인 앞에서 자신이 근래에 관심을 가지고 작업에
참여하고 있는 약 15분 길이의 '조명이 있는 스케치' 시리즈를
소개할 생각이었다. 그리고 후에 매케이가 한 말을 따라 하면서
자신도 오래전부터 애니메이션 각색 작업에 많은 관심을 가지고
있으며
　　　"사람들은 곧
　　　　　　　움직이지 않는 이미지에 대한 흥미가
　　　　　　　　　　　　　　　　　　　　완전히
사라진 상태에서
　　　　　　교육받게 될 것입니다"
　　　　　　　　　　　　　　　같은 말을 할 예정이었다.

킹 서니 아데는 예정대로 정확히 '피아노의 숲'을 통과해
'아르미인의 네 딸들'이 살고 있는 궁전 앞에 도착했다. '백귀 여명'
같은 인기척이 주변에 맴돌고 있었고 『펫숍 오브 호러즈petshop of
horrors』에서 보았던 룩셈부르크 공화국을 연상시키는 궁전이었다.
기억이 정확하다면 그 궁전은 빛들이 모두 중심점으로 모이는
지름이 6미터짜리 고리들로 된 구가 천정에 매달려 있을 것이다.

초현실적인 세노그라피를 선호하지는 않지만 킹 서니 아데는 자신의 상상력이 자꾸 그래픽적인 세심함으로 기울고 있으며 에피스코프 episcope에 영사된 사진을 베끼면서 사실주의 효과를 얻고 있던 이미지는 가짜는 아니라고 해도 그래픽적인 감각으로 그 이상이었던 「코드 기어스」나 「신조마유」에 애정이 간다는 사실을 느끼곤 했다. 킹 서니 아데는 궁전으로 들어서서 바닥에 펼쳐진 거울을 보았다. 잠시 후 나타날 『아르미인의 네 딸들』을 기다리며 세노그라피의 한 축을 이루던 토페르의 메모가 자꾸 떠올랐다.

> "얼굴을 그릴 때 몇 가지 특징은 변화하면서도 한꺼번에 알기 쉽게 드러나고 몇 가지 다른 부분은 개별적으로 나타나지만 금세 사라지기 쉽다. 거울을 보면서 한순간도 모든 특성을 한꺼번에 고정된 상태로 볼 수는 없다. 결국 몇 초 동안 고정시키는 얼굴 이미지는 우리 자신의 2분의 1, 4분의 1, 10분의 1, 100분의 1 정도만 보여주는 것이다."

킹 서니 아데는 서가에 꽂혀 있는 『고래가족 이야기』, 『아기와 나』, 『내가 사랑하는 여동생』, 『카시카』, 『바시라』, 『비너스의 짝사랑』, 『피치걸』, 『저스트 고고』, 『엽기걸 스나코』, 『그 남자의 이중생활』, 『벼랑의 빛』, 『천년전설아야』, 『아름다운 그대에게』, 『환상게임』, 『홍차왕자』, 『궁』, 『왕따의 프로포즈』, 『고양이 목에 방울달기』,

『영예카달로그』,『무직 연변 걸』,『여왕의 기사』,『바 다정다감』, 『레드라이언』,『왕가의 후예』,『오디션』,『홍가네』,『마스키』, 『개똥이』,『LET다이』,『파라오 여인』,『오프세시미』,『불량전사 길들이기』,『풀하우스』,『스노우드롭』,『프린세스』,『붉은 검』, 『옷연아이』,『신혼일지』 등은 세노그라피의 출발점에도 있지 못하는 것이라는 생각에 짜증이 돋았다.

사람들이 생각하는 것과 달리『외적현실external reality』은 미학적인 선택 이외의 통제가 가능한 영역이라는 점에서 이미지의 역사에서 아주 짧은 역사를 지닌다고 할 수 있다. 하지만 킹 서니 아데는 이렇게 자신의 세노그라피를 마구잡이식으로 습득하다보면 앙리 카르티에 브레송에게 프랑크 호르바트가 작업실에서 쫓겨난 것처럼 '파문波紋'을 감당해야 할지도 모른다는 두려움이 생겼다.『이미지의 모험』을 저술한 프랑수아 슈이텐의 말처럼
"우리는
문제를 야기할 수
있는 장르나
명칭을
사용하지 않는 편이
더 현명할 수 있다" 는
생각이 들었다.
완전히 해결되지 못한 문제점은 어디든지 남아 있으니까. 킹 서니 아데는 품속에서 다시 한번 오랫동안 지니고 다녔던 자신의 정체성에 해당되는 책인 마리 프랑수아 플리사르의 『시선들의 권리』를 만져보았다. 말이 전혀 존재하지 않는 100여 쪽의

이야기로 구성되어 있는 그 책!

『아르메인의 네 딸들』이 계단에서 내려오고 있었다. 종업원은 찾는 데 시간이 조금 걸렸다며 머리를 긁적였다.

"회원등록 되어 있으시죠? 반납 기간은
일주일 후입니다. 재미있게 보세요."

킹 서니 아데는 만화책을 옆구리에 낀 채 밤 나방처럼 골목으로 사라졌다. 그 책에는 합성가상생물 '카륵스' 시리즈에 등장하는 붉은 까마귀들이 떼로 몰려다닌다. 킹 서니 아데의 순정 목록에는 늘 불행한 결혼생활을 하는 백작 부인의 사랑과 방탕한 삶 사이에서 혼란스러워하는 목사의 이야기를 담은 영화 괴스타 베링의 이야기 「1924 THE STORY OF GOSTA BERLING」(미국에서는 축약판만 볼 수 있다)를 닮은 구석이 있다.

마지막 장면 '이미지'에는 마을 사람들이 그녀의 관을 메고 얼음 위를 걸어 건너가는 장면(아르네 경의 보물Sir Arne's Treasure, 1919)이 있다.

봄이

　　다가오고

　　　　있었다.

* scénographie : 여성명사. 1. 원근화법 2. 무대(장식)술

킹 서니 아데
King Sunny Ade
의 순경만화

페이머스
플레이어즈 레스키

의

똥봉투

shit bag

아빠는
월급봉투 전문가

        엄마는
        쓰레기봉투 전문가

                페이머스
                플레이어스 레스키는
                똥봉투 전문가

월급봉투가 얇아지면
아빠는
피곤한 표정을 짓고

        쓰레기봉투가 터지면
        엄마는
        난감한 표정을 짓고

                똥봉투가 넘치면
                페이머스
                플레이어스 레스키는
                괴로운 표정을 짓는다

아빠는
월급봉투를 숨겨서는
안 되고

        엄마는
        가짜 쓰레기봉투를
        사용해서는 안 되고

                페이머스
                플레이어스 레스키는
                똥봉투에
                다른 똥을 넣어서는
                안 된다

페이머스 플레이어스 레스키 Famous Players-Leschi 의 똥봉투

헨드린 사토쁘의 물약

Hendrin Sapee

pink medicine

엄마 난
물약이 싫어요.

제발 치워주세요.

노란색 물약은
오줌 같아요.

핑크색 물약은
먹으면 죽을 것처럼
쓰다구요.

차라리 가루약을 먹을래요.
아니
알약으로 주세요.

색색의
컬러풀한 알약은
맛있게 먹을 수 있어요.

엄마 난
물약이 싫어요.

엄마도
아빠가 속상하게 할 때

우리 몰래
물약을 마시고

피를 토하고
옥상에 누워 있었잖아요.

아빠가
엄마를
일찍 발견하지 않았다면

정말
큰일날 뻔했어요.

엄마

애야,
그럼 주사는 어떻니?

주사를 맞고 나면
빈 주사기를
의사 선생님께
달라고 하자꾸나.

넌
빈 주사기
가지고 노는 것을
좋아하잖니.

| 헨드린 사토브 | 그냥
물약 먹을래요.

난
이제

엉덩이를
아무 데서나 깔 나이는
지났다구요. |

헨드린 사토브
Hendrin Satove
히 물야

코베
한스
의

Kobe Hans

목폴라

pola-neck

목폴라는
   목폴라
      목폴라는
         목에만 하는 폴라,
             목만 입을 수 있는 옷, [25]
목폴라는
   목폴라
      목폴라는
        목이
          포래질 때 하는 폴라,
              폴라포처럼
생긴 목폴라,
   목폴라는
      몰래 하는 폴라,
         목폴라는
            남이 모를 때
더 멋진 폴라,
   목폴라를 하고 학교에 가고
            목폴라를 하고 교회에
갔지.
   목폴라를 하고
      롤러스케이트장에서 달렸지,
             목폴라를 벗어서
비 맞은 강아지에게 씌워준 적도 있어,
        목폴라는

                          목폴라
                              목폴라는
  모가지가 아닌
        폴라가 늘어질 때까지 하는
                  폴라..
                     짝퉁 브랜드가 박혀
있는 목폴라가
        친구들에게 들키지 않도록
                    기도했지.

나이킨Niken 목폴라

주로 흰색과 검은색이 멋졌다. 코베 한스는 수학여행 때 차고 갔다. 반에 10명은 늘 차고 등교했다. 졸업식 때 엄마 몰래 버렸다.

아도다스Adodas 목폴라

주로 누이들이 착용했다. 양말이 있는 서랍에 함께 있었다. 보풀이 일어나면 인기가 제일 먼저 떨어졌다. 보푸라기가 일어난 것은 엄마가 보험회사 출근할 때 목에 두르고 가셨다.

프루스펙스Pruspecs 목폴라

주로 경찰관인 아빠가 잠복근무하러 갈 때 하고 갔다. 검은색, 아빠는 신발도 프루스펙스, 도둑놈 잡으러 뛰어갈 때 아빠 목폴라가 삐져나오면 안 될 텐데. 아빠는 형사, 도둑놈은 목폴라를 입까지 올리고 뛰었다.

아식슴Asixsm 목폴라

겨울이 되면 777번 버스 기사가 착용하고 있었다. 코너를 돌 때 운전대를 돌리는 아저씨 옆모습에 이니셜 아식스Asix인지 아식슴Asixm 인지가 확연히 보였다. 어느 날 쌍둥이 여자애가 나란히 하고 왔다. 그중 한 애가 코베 한스를 좋아해주었다. 소풍 때 무덤에 올라가 그 애의 눈동자를 바라보면서 노래를 불렀다. 운동회 때 반 대항 달리기 시합에서 열심히 뛰고 있는데 목폴라를 꺼내 흔들며 그녀가 멀리서 응원해주었다. 그녀는 초등학교 졸업 전 코베 한스의 책상 서랍 속에 자신의 아식슴 목폴라를 넣어두고 워싱턴으로 전학 갔다.

코베 한스Kobe Hans의 목폴라

                                             뭐야?
워싱턴으로 따라오라는 건가?
                         코베 한스는 훗날 군대까지 가서
그녀의 메시지를 곰곰 생각해보았다. 코베 한스는 그녀가 자신보다
서랍에 넣어주고 간 목폴라를 더 빨리 잊어버릴 것이 조금 두려웠다.
워싱턴 가서 햄버거 많이 먹고 목폴라를 할 수 없을 만큼 목이 많이
두꺼워지진 않았겠지?

목폴라는
         목폴라
             목폴라는
                  목에만 하는 폴라,
                            목만 입을 수 있는 옷,
목폴라는
      목폴라
          목폴라는
               목이
                  포래질 때 하는 폴라,
                                폴라포처럼
생긴 목폴라,
         목폴라는
              몰래 하는 폴라,
                      목폴라는

                                        남이 모를 때
더 멋진 폴라,
            목폴라를 하고 학교에 가고
                                목폴라를 하고 교회에
갔지.
        목폴라를 하고
                    롤러스케이트장에서 달렸지,
                                        목폴라를 벗어서
비 맞은 강아지에게 씌워준 적도 있어,
                            목폴라는
                                    목폴라
                                            목폴라는
모가지가 아닌
            폴라가 늘어질 때까지 하는
                                폴라.
                            짝퉁 브랜드가 박혀
있는 목폴라가
            친구들에게 들키지 않도록
                                기도했지.
                                        목폴라는
좌판에 깔아놓고
        천 원에 두 장!
                        그래도 운동장에서 싸울 땐
늘어나지 않도록 벗어놓고
                열심히 싸웠지.

코베 한신 Kobe Hans 의 목폴라

프랑수아
바레
François Barré
의

자물쇠
일기장

blue lock diary

프랑수아 바레는 그 소녀를
새근새근 좋아합니다

그 소녀는 프랑수아 바레와 눈이 마주치면
희미하게 입술을 움직이며 미소짓습니다

그 소녀는 버스에 자리가 생겨도
잘 앉지 않습니다

그 소녀는 늘 귀에
형광색 이어폰을 끼고 있습니다

프랑수아 바레는 만날 그녀가 듣고 있을
그 음악이 무엇인지 궁금합니다

에어 서플라이Air Supply의 음악 같기도 하고
도어즈Doors 같기도 하고
오성식의 영어발음 같기도 합니다

프랑수아 바레의 귀는
그녀의 귀에 가까이 가지 못하는 귀입니다

연인은 귀를 가까이 댈 수 있는
사이인 것 같습니다

프랑수아 바레는 그 소녀에게
천 마리 종이학을 접어서 유리병에 담아주려고 합니다

책상 앞에 스탠드를 켜놓고
밤마다 종이학의 날개를 만들면서
프랑수아 바레는 조용히 웃습니다

어제는 그녀의 학교 축제날
그녀가 수화동아리 회장이라는 것을 알았습니다

그녀의 손에서는 알아들을 수 없는 말들이 울렁거리며
흘러나왔습니다

둘은 친구가 되었습니다
프랑수아 바레가 그녀의 학교 교문을 자주 서성거렸기
때문입니다

도서관에서 그녀는
프랑수아 바레의 교과서 사이에 몰래
네잎클로버a four-leaf clover를 넣어주었습니다

프랑수아 바레는 그날 밤 도서관 옥상에 올라가
어린 왕자에게 자신이 살고 있는 별의 위치를
알려주었습니다
흰 운동화를 사주고 싶었는데, 주머니에 있는

나비 머리핀을 아직 전해주지도 못했는데

이스마엘 카다레의 소설 『죽은 군대의 장군』을
돌려받아야 하는데

그녀는 자신의 아파트 꼭대기에서
왜 추락해버린 것일까요?

그녀는 이어폰으로 무슨 음악을 귀에 꽂은 채
공중에서 내려온 것일까요?

그녀는 손에 자신의 자물쇠 일기장의 열쇠를
꼭 쥐고 있었다고 합니다

아무도 보지 못하도록 프랑수아 바레는
그 일기장을 어린왕자little prince에게 맡겼습니다

프랑수아 바레는 해마다 한두 번씩 그녀가 살던
아파트를 지날 때 눈을 질끈 감고 갑니다.

프랑수아 바레는 서른을 훌쩍 넘겼고
그녀는 아직 열여덟입니다
그녀가 살던 오래된 아파트는 허물어진 지
오래되었습니다만

프랑수아 바레 François Barré 의 자물쇠 일기장

냇킹콜

Nat King Cole

의

술빵

alcohol bread

• •

함박눈이 보글보글 내리는 날이면 냇 킹 콜 가족은
둥글게 모여 앉아 어머니가 만들어주신

포돌포돌한 술빵을 뜯어 먹었습니다. 콩이 너무
많아서 자구 신문지에 뱉어내는 술빵

비가 추적추적 내리는 날, 고속버스 도로에 서서
지나가는 차들 유리창 바깥으로

술빵을 팔고 있는 어머니를 스무 살의 냇 킹 콜은
멀리서 술이 취한 채 바라보곤 했습니다

집으로 오는 길에 냇 킹 콜은 돌멩이를 집어
주차된 고급 승용차의 앞유리를 하나 깼습니다

술빵은 아무리 먹어도 팝콘popcorn처럼
달콤하지 않습니다

엘리자베스가 한국을 방문하고
고속도로에서 먹고 좋아했다는 술빵

전두환이 백담사百潭寺에서 자주 찾았다는 술빵

건포도가 숭숭 많이 박혀 있는 것은 조금 더 비쌉니다

냇 킹 콜 Nat King Cole 의 술빵

술빵은 마음이 먼저 취하는 빵인가봅니다

"아가! 대학까지 나와 놀고 있는 니놈을 보면 에미
가슴이 폭폭하다……

술빵

먹은

멩키로……"

263

냇 킹 콜
Nat King
Cole
의
含聲

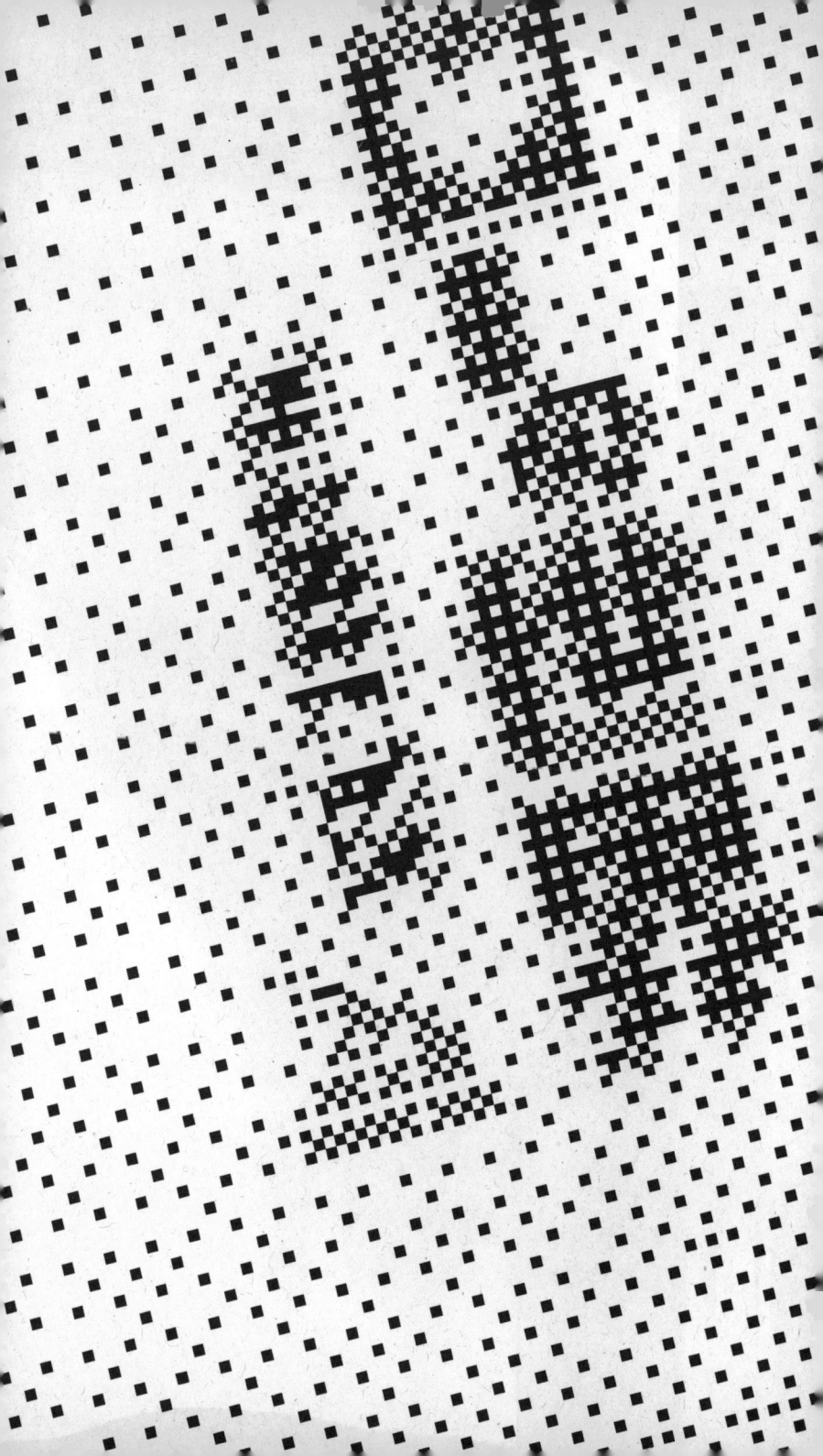

좆도 모르고 면장질 한다는 말의 유래

김경주 Kim Kyung-Ju

예전에 어느 작은 마을에 면장이 한 명 살았다
면장은 늦은 나이에 결혼을 해서 슬하에
딸만 다섯을 두었다

첫째 딸 이름은 오로라다
둘째 딸 이름은 오순정이다
셋째 딸 이름은 오거리였다
넷째 딸 이름은 오발탄이었다
그리고 막내딸 이름은 오즈의 맙소사다

어느 날 면장은 자전거를 타고
저수지 방둑길을 달리고 있었다
그때 방둑 언덕에 올라 한 소년이
바지를 내리고 오줌을 누고 있었다

오줌발이 시원하게 저수지로
쏟아져 내리고 있었다

면장은 자전거를 멈춘 후
아이 옆으로 다가왔다

"허허! 고놈! 고추 한번 시원하게 생겼구나"
소년은 면장 낯짝을 한번 보더니 고개를 휙 돌리곤
나머지 오줌을 마저 싸기 시작했다.

"흥!"

면장은 무안했다
하지만 면장은 갈 길이 바쁘기에
자전거에 다시 올라탔다
그때 소년이 마지막 오줌을 툭툭 털며 면장에게
말했다

"좆도 모르면서 면장질 하네……"
면장은 고개를 연신 끄덕이며
페달을 밟고 딸들이 있는 곳으로 사라져갔다
총총

Under Poem(미발표 詩)

be the first president of Repub
nel of potential candidates w
president should follow: the

بازنگری
ایران

of Iran?
...cost. However, the sub heading...
...e of Imām Khomeiny, the Sup...

올레 올슨
의
종이인형
paper doll

잔혹 동화 cruel for children story

올레 올슨에겐 아주 슬픈 추억이 하나 있습니다. 그것은 지금까지 한 번도 입 바깥으로 내지 못한 비밀입니다. 어린 시절 막내 누이의 생일 선물을 사기 위해 올레 올슨은 둘째 누이와 함께 빗길을 걸은 적이 있습니다. 우산 하나를 나누어 쓰면서 둘은 학교 앞 문방구까지 몇 킬로미터가 넘는 길을 뛰었습니다. 그들에게는 500원짜리 동전이 전부였습니다. 그날은 비가 엄청나게 쏟아져서 하수구에 물이 넘쳐 도로는 빗물과 오물로 가득했습니다. 그들은 500원으로 무엇을 살 수 있을까를 고민하다가 종이인형을 사주어야겠다고 생각했습니다. 막내 누이는 인형을 아주 좋아했습니다. 누이는 항상 마론인형을 갖고 싶어했지만 초등학교 2학년과 4학년인 둘의 형편으로는 어림없는 일이었습니다. 하지만 막내 누이는 종이인형도 잘 가지고 놀 줄 아는 맑은 눈을 가진 여자였습니다. 빗속을 헤쳐 문방구에 도착했을 때 종이인형은 가판대에 비닐로 덮여 있었습니다. 올레 올슨은 주인아주머니에게 500원을 건네고 종이인형을 좀 고르고 싶다고 했습니다. 아주머니는 빗물에 젖지 않도록 조심히 고르라고 했습니다. 올레 올슨과 누이는 종이인형을 한 장씩 넘기며 막내 누이가 좋아할 공주들의 얼굴을 번갈아 떠올리곤 했습니다. 하지만 올레 올슨과 누이에게 딱히 마음에 드는 공주는 없었습니다. 몇십 장을 넘기는 동안 빗물이 조금씩 종이공주들의 얼굴에 떨어졌습니다. 아주머니는 방 안에서 눈살을 찌푸리며 빨리 고르라고 자꾸 소리를 질러댔습니다. 올레 올슨은 둘째 누이에게 말했습니다. '이 옆으로

조금 더 가면 다른 문방구가 있어. 가보지 않을래?' 둘째 누이가
말했습니다. '응, 오빠 거기 가면 정말 예쁜 공주들이 있을지 몰라.'
올레 올슨은 비닐로 종이인형을 다시 덮어주었습니다.
올레 올슨은 주인아주머니에게 다가가서 마음에 드는 게 없으니
다음에 오겠다고 죄송하다고 말했습니다. 아주머니는 어이가 없다는
듯이 비에 젖은 둘을 쏘아보았습니다.

주인 아주머니   종이인형들을 다 젖게 해놓고 이제 와서
                돈을 돌려달라고?
                우리 공주들의 얼굴이 다 젖었잖니?

올레 올슨   죄송해요, 아주머니 하지만……

화가 난 주인아주머니는 손에 쥐고 있던 500원짜리 동전을
길바닥으로 내던져버렸습니다. 동전은 데구루루 굴러 하수구에
빠져버렸습니다. 올레 올슨은 얼른 동전을 따라 뛰어갔지만
소용없는 일이었습니다. 500원짜리 동전이 눈앞에서 사라져버린
것입니다. 둘째 누이는 울먹거리기 시작했습니다. 올레 올슨은
눈물이 울컥 솟아올랐지만 어떻게든 손가락으로 동전을 건져올려야
한다는 생각밖에 없었습니다. 비는 계속 쏟아져 둘의 어깨를 적시고
머리를 적시고 목울대로 넘고 있었습니다. 간신히 올레 올슨은
동전을 손가락으로 건져올렸습니다. 그리고 울먹거리는 둘째 누이의

어깨를 안아주었습니다.

올레 올슨　　어서 가자. 다른 가게에 가면 더 예쁜 공주들이 있을 거야. 울면 안 돼. 울음이 나오면 잠시만 주먹을 입에 꼭 넣고 있어, 응?

둘째 누이　　응, 응. 안 울어.

올레 올슨은 뒤도 돌아보지 않고 둘째 누이의 손을 꼭 잡고 우산을 다시 폈습니다. 뒤를 돌아보면 아주머니의 얼굴을 기억할 것 같았기 때문입니다. 나중에 크면 그 사람을 죽여버리겠다고 다짐할지도 모른다고 생각했습니다. 우산을 쓰고 다시 뛰어가는 인형들의 눈동자가 젖어서 뚝뚝 바닥으로 떨어졌습니다. 그해 봄 막내의 생일에 있었던 기억을 올레 올슨은 누이들에게 아직까지 말해본 적이 없습니다. 올레 올슨은 막내가 좋아하는 공주의 캐릭터들을 달력 뒷면에 똑같이 그려주고 가위로 곱게 오려주며 동생들에게 '오빠는 이다음에
　　　　　　유명한 화가가 될 거야'
　　　　　　　　　　　　　라면서 자랐습니다.
올레 올슨은 그날이 생각날 때마다 달력 뒷면에 종이공주paper princess 들을 그려보곤 합니다.
　　　　　그렇지만 화가painter는 둘째 누이가 되었습니다.

듀퐁의 아코디언

HUG PIANO

이것은 아코디언에 관한 이야기다. 더 정확하게 말하면 아코디언
악사에 관한 이야기다.

언제나 역전驛前에 가면 아코디언 악사가 있었는데 듀퐁은
일요일이면 역전 광장에 나가 몇 시간씩 분수대 속의 동전들을
바라보다가 아코디언 악사 아저씨의 구슬프고 처량한 음악들을
듣다 오곤 했다. 말하자면 라이브를 들었던 것인데 그 음악이 어찌나
처연하던지 하마터면 눈물이 나올 뻔한 적도 많았다. 중노인의
악사는 매주 일요일이면 붉은색 베레모를 눌러 쓴 채 누구를 위해
악기를 연주하는 것인지 구름이 하늘 가득 몰려오는 저녁까지
쉬지 않고 연주했다. 듀퐁은 가까이 가서 바라보다가 졸고 있는
늙은 악사의 입술을 가만히 만져본 적도 있습니다. 어느 날 악사는
물끄러미 바라보고 있는 듀퐁에게 연주를 멈추고는

아코디언 악사   얘야? 무슨 음악이 듣고 싶니? 말해보렴.

이렇게 말해준 적도 있었다. 듀퐁은 미소를 지으며 대답했다.

듀퐁   난 그냥 이렇게 듣는 게 좋아요.

아코디언 악사   그렇다면 너는 이다음에 커서 꼭 아코디언을

연주하게 될지도 모르겠구나. 나처럼 말이다.

듀퐁   전 그럴 수 없을 거예요.
       저는 만화가가 될 테니까요.

아코디언 악사   허허 녀석.
               나도 너처럼 손가락이 열 개가 있었다면
               다른 걸 하고 싶었지.

듀퐁   나머지 손가락은 어디 두었어요?

아코디언 악사   하늘로 보냈어, 먼저.

역전에는 항상 비둘기가 많았다. 비둘기는 사람들이 모이를 던져주면 구구구gugugu 울다가 먹이를 먹고 나면 고고고gogogo 하며 사라졌다. 노인들은 비둘기에게 과자부스러기를 던져주며 아코디언 연주를 듣곤 했다. 그러던 어느 일요일. 아코디언 악사가 보이지 않았다. 듀퐁은 역전 분수대에 걸터앉아 기다렸지만 오후가 다 되어도 아코디언 악사는 나타나지 않았다.

무슨 일이 있는 걸까?
이젠 연주가 지겨워진 걸까?
아니면
이 동네가 싫어진 걸까?
뒤퐁은 조금만 더 기다려볼 참으로 주머니 속에서 『백경』을 꺼내 읽었다. 그렇지만 『백경』을 거의 다 읽어갈 때까지 악사는 오지 않았다.

'정말 가버린 거야……'

그날의 그 허전함과 쓸쓸함에 대해 뒤퐁은 지금까지도 표현할 방법을 찾지 못하고 있다. 마치 아코디언 악사가 자신에게 왜 떠나버렸는지 말도 해주지 않았다는 것에 대해 지금까지도 몹시 화가 난 상태처럼, 뒤퐁은 내내 우정이 어긋나버린 서운함을 갖고 살았다. 그 뒤로 뒤퐁은 자신에게 이상한 속도로 다가와 알 수 없는 설렘과 동요와 친밀함을 주고 갑자기 떠나버린 사람들을 향해 아코디언이라고 부르곤 했다. 내겐 아코디언이 많았다구…… 뒤퐁은 멀리서 아코디언 소리를 들으면 눈물이 나곤 한다.

그리고 자신도 머지않아 아코디언을 배울 시간이 얼마 남지 않았음을 조금씩 이해해가곤 했다.

추신 : 「아빠는 풍각쟁이」, 「울 밑에 선 봉선화」, 「얼굴」 같은 노래는 반드시 아코디언으로 들어야 좋다.

파울
베게녀
의

Paul Wege

누드화

nude model painting

모델을 벗겨놓고 조그만 화실 구석에서 무명 화가는 그림을
그렸습니다.

무명 화가는 직접 모델의 옷을 벗겨주었습니다.

벗어놓은 가지런한 모델의 속옷은 심장을 뛰게 했습니다.

모델의 어깨가 조명을 받아 둥글게 빛났습니다.

모델은 벗은 몸을 이리 뒤척이고 저리 뒤척이며 포즈를 취했습니다.

무명 화가는 이따금 붓을 놓고 턱을 괸 채 골똘한 표정을 짓곤
했습니다.

그러면 모델은 약간 심술궂게 입술을 움직거리다가, 그러나 무언가
잘못했다는 듯이

잠시 멍한 표정을 짓곤 했습니다. 화가는 붓으로 모델의 몸에
색칠을 하기도 했습니다. 모델은 남자일 때도 있었고 여자일 때도
있었습니다. 남자 모델이 옷을 벗으면 킥킥킥kickickic 새어나오는
웃음을 막느라 입에 주먹을 넣었습니다.

무명 화가는 모델이 없는 날엔 몇 시간 동안 움직이지 않고 술을
마시며 그림만 그릴 때도 있었습니다.

파울 베게너
Paul Wegener
의 누드화

하지만 몇 시간 동안 그림 그릴 생각은 하지 않고 모델의 몸을
만지고 있을 때가 더 많았습니다. 술에 취한 무명 화가가 모델의
입을 손으로 틀어막을 때 파울 베게너와 친구들은 환풍구 옆에서
숨을 죽여야 했습니다. 파울 베게너는 친구들과 작은 쪽창으로
그것들을 지켜보곤 했습니다.

아무도 없는 날 파울 베게너는 겁이 나서 심장이 터질 것 같았지만
환풍구의 환풍기를 뜯어내고 쪽창으로 몸을 넣어 아래로 내려가
그림을 바라보았습니다. 그림은 숨겨진 인간의 다른 피부처럼 너무나
실제 같았습니다. 그림 속에서 여자의 웃는 소리가 들리는 것처럼
느껴져서 파울 베게너는 지하실 주위를 둘러보기도 했습니다. 파울
베게너는 한 번도 만져본 적 없는 여자의 성기를 만져보고 그곳에
입술을 대어보았습니다. 무명 화가처럼 혀를 꺼내 여인의 발가락과
몸을 핥아보았습니다. 그림 속 여인이 키득키득거렸습니다. 파울
베게너도 따라 마구 웃었습니다. 여인이 가렵다며 웃었습니다.

그림 속 여인	안 돼, 거긴 만지지 마.

파울 베게너	알아, 알았어. 가만, 가만있어봐.
	오빠가 추워서 그래.
	손가락만 거기 넣고 담그고 있을게.

그림 속 여인   약속해, 손가락만이야.

파울 베게너   약속. 아 손가락 춥다.

파울 베게너는 무명 화가의 말투를 따라했습니다.

무명 화가의 도록에는 '肉感'이라고 적혀 있었습니다.
                                         타인이 아닌
자신의 몸에
        소름이 돋을 때의
                육감은
                        더욱 그렇습니다.
                                         걸려서
야구방망이로 엉덩이를 백 대 맞을 때처럼
                        알싸했습니다.

파울 베게너 Paul Wegener 의 누드화

투파
아마루 Thupaq Amaru

의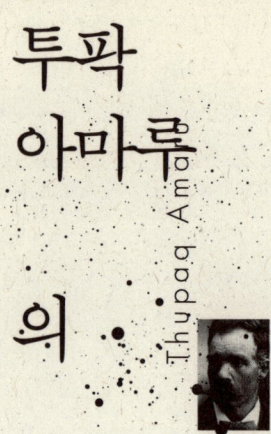

뽑기

children gamble

투팍 아마루는 뽑기에서 '대왕ª king'에 걸린 적이 한 번도 없다.

꽝은 늘 설탕엿물로 만든 해바라기이고(가끔 땅콩사탕을 주었다) 일등은 대형 금붕어 설탕엿이다. 투팍 아마루는 하교 후 초등학교 문방구 앞에서 해가 질 때까지 친구들이 유리상자 안에 들어 있는 칼엿, 권총엿을 뽑는 것을 지켜보았다.

꽝클럽 fuck club

사실 맛으로 따지면 해바라기 설탕엿이 더 맛있지만 꽝을 만나면 기분은 별로다.

대형 금붕어 물엿은 혼자서 다 먹어치울 수도 없다. 온 가족이 꼬리부터 조금씩 지느러미를 떼어 먹어도 머리와 몸통은 며칠씩 남는다. 나머지는 냉동실에 보관한다. 하지만 일주일 정도 주변에 으스댈 수는 있다. 퀴즈왕 대회에 나가 일등을 하는 것보다 〈대형 금붕어 뽑기 대회 3관왕〉은 학교에서 정말 유명하다. 투팍 아마루는 여자들에게 둘러싸여 비법을 귀띔해주는 그런 녀석을 보면 태어날 때부터 운이 좋은 놈이라고 생각했다. 짝꿍인 매케이 원저가 어느 날 그랬다.

투팍 아마루 Thupaq Amaru 의 뽑기

"뽑기에 잘 걸리려면
　　　　　실력보다는
　　　　　　　　　부모를 잘 만나야 한다.
용돈을
　자주 주시니까."

매케이 원저　　　우린 실력파구 걔네는 뻥끼fake야.

투팍 아마루　　　뻥끼를 쓰면 이 세상에는 안 될 게 없어.
　　　　　　　　아빠가 그랬어.

매케이 원저　　　물론이지. 우린 정당하자.

투팍 아마루　　　짱도 당당해.

매케이 원저　　　짱도.

투팍 아마루는 종이 뽑기를 하면서 최초로 이 세상의 '사기'가 무엇인지 이해했다. 동시에 최초로 주인 몰래 종이 뒷면을 살짝 열어보는 이쪽의 심리전에도 능해갔다. 걸리면 다시는 문방구 근처에 얼씬도 못 했다. 꽝이 연달아 나오자 돌멩이를 문방구 유리창에 집어던지고 달아나 어머니가 불려오신 적도 있었다. 투팍 아마루는 어머니 옆에서 고개를 푹 숙이고 있었지만 절대 사과는 하지 않았다. 종이 뽑기는 99.9퍼센트가 꽝으로 채워진 사기라는 걸 알고 있었으니까.

매케이 원저 이 녀석아, 어서 주인 아주머니께
      죄송하다고 하지 못해?

투팍 아마루 싫어. 다 뻥끼니까.

재빨리 주인 몰래 다시 뜯는다 해도 항상 주인이 조작해놓은 결과는 같으니까. 탐구학습이나 반 대항 줄다리기 같은 것과는 달리 '뽑기 놀이'는 그래서 시작하기 전 마음을 단단히 먹어야 했다. 기도도 한몫했고 허무하지만 이상한 중독성도 있었다. 종이학 접기처럼. 투팍 아마루는 무모해도, 무모해 보여도 뭔가를 건져올린다는 이 느낌 때문에 나중에 백수청년under life이 되어서는 '인형 뽑기doll fishing'로 돌아섰고 직장과 사회에서 쫓겨났을 때에는 '로또복권lotto'으로 옮겨갔다.

꽝꽝꽝꽝꽝꽝꽝꽝꽝꽝꽝꽝꽝꽝꽝꽝꽝꽝꽝꽝꽝
꽝꽝꽝꽝꽝꽝꽝꽝꽝꽝   꽝꽝꽝꽝꽝꽝꽝꽝꽝꽝꽝
꽝꽝꽝꽝꽝꽝꽝꽝꽝꽝꽝꽝꽝꽝꽝꽝꽝꽝꽝꽝꽝
꽝꽝꽝꽝   꽝꽝꽝꽝꽝꽝꽝꽝꽝꽝꽝꽝꽝꽝꽝
꽝꽝꽝꽝꽝꽝꽝꽝꽝꽝꽝꽝

꽝꽝꽝꽝꽝꽝꽝꽝꽝
꽝꽝꽝꽝꽝꽝꽝꽝꽝꽝꽝꽝꽝꽝꽝   꽝꽝꽝꽝꽝꽝꽝
꽝꽝꽝꽝꽝꽝꽝꽝꽝꽝꽝꽝꽝꽝꽝꽝꽝꽝

투팍 아마루는 어느 날 공중화장실 구석에서 조간 신문을 보다가 이런 기사를 읽었다. '로또에 계속 실패해서 일용직 노동자 한강에 뛰어들어 자살하다.' 유서에는 이렇게 적혀 있었다. "인생을 제대로 속여보고 싶었으나 인생한테 사기 잘 당하고 간다."

투팍 아마루는
    그래도 서러워 말자.
        투팍 아마루는
            그래도 깡깡하게
잘 자랐다.

  밑under을 잘 닦으며.

투팍
아마루
Thupaq
Amaru
의

봉기

알레산드로
블라셰티
Alessandro Blasetti

의

불량식품
poor conduct

주제
....

그날의 저녁 식사

식단
....

아폴로, 쫀듸기, 맛기차콘, 월드컵 어포, 신호등 캔디,
소라과자, 밭두렁, 테이프, 씨씨CC, 콜라 맛 젤리,
톡톡 캔디.

요리법
....

알레산드로 블라세티는 아폴로와 쫀듸기는
날것으로 파스타 처리했다. 쫀득쫀득 씹을수록
침이 고여 자신도 모르게 꿀떡 삼켜버릴 수 있으니
주의해야 한다.

맛기차콘은 옥수수 알맹이 맛과 흑갈색 맛이 있지만 주로 만찬에는
장판 모양을 한 흑갈색 맛을 준비한다. 월드컵 어포는 기름에 바싹
튀겨서 바삭바삭하게 만든다.

알레산드로 블라세티 *풍요로운 식탁의 초대*
Alessandro Blasetti

신호등 캔디는 색깔별로 맛이 풍요롭다. 빨간색은 딸기 맛이나 사과 맛이 난다. 노란색은 레몬 맛, 초록색은 청포도 맛. 사탕 주변에 목성의 표면처럼 까칠까칠한 입자가 풍부해서 입안에 넣고 너무 많이 돌리면 입천장이 너덜너덜해진다.

소라과자는 '쌀대롱'이라고도 부르는데 겉의 달콤한 하얀 가루가 일품이다. 별미로 최고다.

밭두렁은 구수하고 짭짤해서 단것을 싫어하는 사람에게는 일품으로 통한다. 옥수수로 만들어서 이빨에 자주 끼는 것이 단점이다. 테이프의 약식 명칭은 오프라이트인데 미식가들 사이에서는 테이프로 통한다. 테이프처럼 벗겨 먹고 끊어 먹는다. 감질이 잘 나서 금방 물리는 것이 흠이다. 씨씨는 비타민 C의 함유량 때문에 붙여진 이름 같다. 새콤해서 레모나를 먹는 기분이다. 콜라 맛 젤리는 비닐 속에 콜라병 모양의 젤리가 가득한 건데 콜라 맛 비닐을 먹는 느낌이다. 톡톡 캔디는 캔디가루를 입안에 넣으면 별처럼 톡톡 튀는 소리가 나고 귀까지 멍멍해지는 느낌이다.

식사 방법

노르망디 상륙 작전처럼 은밀하고 급속하게
해치운다.

후원

정체불명의 '비둘기 우유'라는 밴드의
위문단 단원들과 베이시스트basist 데이브 브루백

7시 30분에 저녁 식사를 준비해놓고 알렉산드로 블라세티는
메모지에 이렇게 썼다.

나는 6시 20분에 당신에게 전화를 걸었다.

나는 8시에 당신에게 다시 한번 전화를 걸 것이다.

내 저녁 식사에 초대받을 생각이 없다면
안개꽃baby's breath을 보내줄 수도 있다.

알레산드로 블라세티
Alessandro
Blasetti
하 · 꽃상복

나는 〈느낌표 공동체〉 단원인데 당신이 오지
않는다면 나는 비비탄BiBiAL 천 알을 먹고 오늘 밤

차살을 시도할 생각이다. 나는 애송이 초현실주의
타이피스트로 '레이디스 홈 채널Raidis Home channel'에

매달 1달러를 보내는 후원가로 살고 있고 아프리카
이집트 파키스탄에 위문 공연을 가본 적이 있다.

'당신처럼 뉴욕 3번가 팀 코스텔로라의 식당이나
바BAR에서는 이 식사를 할 수 없다.'

이것들 앞에서 그냥 자는 사람이 술alcohol을 사야 한다.

알레산드로
블라세티
Alessandro
Blasetti
의

블랑시튬

세바스챤 이라디에르
의

Sebastian

풍금

STEP ON MELODY

유령마차에 실려온 풍금

세바스찬 이라디에르는 혼자 빈 교실에 남아 풍금을 치고 있다. 저녁 빛살이 창가로 내려앉기 시작하는 빈 교실이다. 발로 페달을 밟고 건반을 누르자 풍금 소리가 처음에는 무겁게 일어서더니 점점 찰랑찰랑한다. 나무 널빤지 바다 속에서 작은 벌레들이 눈을 뜬 채 꿈틀거린다. 피아노와 달리 풍금은 우아한 주변 세팅을 강조하지 않는다. 낡은 교실이어도 좋고 지하 예배당에도 잘 어울린다. 영화 「곡마장의 위험한 말타기」 사운드 트랙에도 풍금의 잔향殘香은 강하게 존재한다. 세바스찬 이라디에르의 어린 시절 음악선생님은 풍금을 자꾸 '리드 오르간reed organ'이라고 불러야 한다며 이 건반악기에 대한 설명을 상세하게 훈육시키곤 했다. 세바스찬 이라디에르는 몰래 교실로 들어왔다. 유령처럼, '어느 대학살의 유일한 생존자' 엘사릴처럼, 세바스찬 이라디에르는 20여 년 만에 자신이 다녔던 이 작은 시골 학교로 찾아들었다. 방죽길을 따라 등교를 하던 길은 사라졌고 아파트가 대신 그 자리에 들어섰다. 하지만 여전히 학교 뒷길로 연결되는 능선과 작은 산맥은 존재한다. 세바스찬 이라디에르와 친구들은 그 산을 '안테나 산aNteNa Mt.'이라고 불렀다. 세바스찬 이라디에르가 어린 시절 이 학교를 다니는 동안 세 명의 도둑이 들었다. 그것을 정확하게 기억하는 이유는 세 명의 도둑이 모두 풍금을 훔쳐갔기 때문이다. 물론 지금은 풍금을 훔쳐가는 사람이 없겠지만, 무슨 연유에서인지 풍금을 가져갔고 그때마다 교장선생님은 다시 새로운 풍금을 주문해야 했다. 마을의

항구가 얼어붙어 봄까지 배로 풍금이 오지 못해 음악 수업이
시시콜콜했던 것을 세바스찬 이라디에르는 정확하게 기억한다.
자신이 졸업하기 전 '마지막 풍금'이 멀리 배에 실려 항구port로
들어오던 날 세바스찬 이라디에르는 프랑스 소년처럼 설레었다.
설레는 일이 생길 때면 프랑스 소년들이 산애 올라가 풀에 누워 읽
구름들에게 고백하던 영화의 한 장면이 떠올랐기 때문이다.

세바스찬의 형   풍금이 배에 실려 있고 그 배에는 '유령마차'가
실려 있는데 풍금은 그 안에 있어. 왜냐하면 이번엔
정말 도둑맞지 않기 위해 유령들이 자신들의 마차에
실어 쇠사슬로 꽁꽁 묶어서 데려오는 중이래.

세바스찬 이라디에르   정말?

세바스찬의 형   응.

세바스찬 이라디에르의 형은 나중에 고등학교를 졸업하자마자
자신의 신부가 될 여인을 몰래 교실로 데려가 풍금 위에 눕혀놓고
못된 짓을 했다. 세바스찬 이라디에르의 형은 결국 '대도시의 아이'를

가졌다. 예프게니 바우어 같은 팜파탈femme fatale과 함께 형은 도시로
나가 변두리에 살림을 차렸고 모기향을 만드는 '예몰리에프 사emoliF
社'에서 일했다. 형은 의처증으로 인한 강박관념에 시달리다가 취하면
최면에 걸린 듯한 눈으로 어린 시절 학교의 풍금 이야기를 자주
한다고 했다. 결국 형은 2월 혁명에서 10월 혁명 사이에 정신병원에
입원했다. 형을 병문안 갔다가 그곳에도 풍금이 있는 것을 세바스찬
이라디에르는 보았다. 병원 복도에서는 죽어가는 백조처럼 생긴
연인이 건반을 교살하듯이 내려치고 있었다. 그러다가 복잡한 트래킹
쇼트를 사용하듯 건반에 귀를 대고 기울이고 있었다. 병원 사람들은
그녀를 '하얀 교생'이라고 부른다고 했다. 어느 학교 교생 실습을
하던 중 귀갓길에 금은방 간판이 떨어져 머리를 다치는 사고를
당해 머리가 이상해졌다고 했다. 세바스찬 이라디에르는 대학 졸업
후 영화 특허권 회사에서 잠시 일하다가 몇 년 후 독립배급사를
차렸다. 인기는 없었지만 꽤 인지도가 생긴 몇 편의 독립연작을
개봉했다. 하지만 단편에만 집중해온 세바스찬 이라디에르는 다시
얼마 못 가 시장market에서 밀려났다. 소속 직원들을 모두 내보내고
세무서에 가서 자신의 회사를 페이퍼 컴퍼니paper company로 만들고
빈 사무실에 앉아 있던 그는 문득 고향 생각이 났다. 고향을 떠나온
뒤 많은 시간이 흘렀다고 생각했다. 세바스찬 이라디에르는 그대로
차를 몰고 고향으로 향했다. '풍금을 훔쳐간 세 명의 도둑 이야기'를
토대로 새로운 시나리오를 써볼 수 있을 것 같았다. 「키네마토그래프
카메라맨의 복수」의 주인공들 같은 영화를 만들고 싶어졌다. 그
영화에서 주인공인 베짱이는 자신을 모욕하는 딱정벌레의 간통
행위를 영화화한다.

카를로스 누베스의 참빗

Carlos Nuves

HAIR CLEAN SWEEP

문학피플

뚱니 클럽

하얀 달력의 뒷면을 펼쳐두고 참빗으로 머리를 긁어내리면 우두둑 떨어지던 머릿니들을 보셨나요? 살이 톰톰하게 오른 녀석을 발견하면 어머니는 그놈을 '뚱니'라고 부르셨습니다. 엉금엉금 기어가는 '뚱니'를 참빗 꽁무니나 손톱으로 꾹 눌러 죽이곤 하던 나른한 오후, 마당 사립 평상에 앉아 한 명씩 고개를 숙인 채 자신의 차례를 기다리며 머리를 바닥으로 긁어내리던 날엔 목욕탕에 가는 것과는 또 다른 상쾌함이 있었습니다. 머릿속에 벌레가 사는데도 부끄러움보다는 머릿니head lice를 새록 발견하는 설렘이 있었어요. 지금은 아이들 머릿속에 살림을 차리지 않지만 머릿니들은 아이들 대가리 얇은 가죽의 피를 쪽쪽 빨며 살았더랬어요. 모로코인들의 가옥에서 흔히 볼 수 있는 중정中庭에 모여 살듯이요. 집에 고대기는 없어도 참빗은 집집마다 하나씩 있었던 시절이지요. 한 달에 한 번 오시는 외할머니는 카를로스 누베스의 머리를 자신의 무릎에 눕히고 슥삭슥삭 참빗으로 머리를 빗어내려가 주시곤 했어요. 얇은 가죽 사이를 긁어주며 지나가는 참빗의 빗살 맛이 참 시원했습니다. 대나무살에 명주실이 촘촘히 엮여 있던 참빗. 외할머니는 참빗 가운데에 있는 대나무를 '등대'라고 알려주시며 좋은 참빗은 3년생 대나무로 만든 '등대'가 있어야 하며 쪼갠 대나무 빗살이 댓가지에서 고르게 갈라져야 하고 염료와 함께 우골牛骨이 충분히 뜨거운 열을 거쳐야 맑은 참빗이 된다고 하셨지요. 카를로스 누베스는 머릿니를 모두 긁어낸 후 참빗을 햇볕에 말렸습니다. 참빗에 붙어 있던 희뿌연 머리가루들이 신기루처럼 햇볕에 타는 것을 오래 지켜보곤 했습니다. 시간이 흘러 반대로 카를로스 누베스는 이제 가끔씩 자신을 못 알아보시는 외할머니의 머리를 무릎에 눕히고 참빗으로 머릿결을 긁어내려갑니다. 이름표를 차고 돌아다니셔야 하는 외할머니는 어디서 머릿속에 이렇게 깨알 같은 식구들을 데려오셨을까요? 외할머니는 이제 누구든 자신의 머리를 눕혀주면 그 무릎 위에서 캐러멜처럼 녹아 잠드십니다.

외할머니   아가야, 널 무릎에 눕히고 누군가가 네 머리카락을 만져주면 위험하지 않은 사람이니까 편하게 마음먹고 잠들거라.

카를로스 누베스 그게 누구든?

외할머니   당신 누구쇼?

카를로스 누베스 이리 오세요. 전 나쁜 사람 아니에요. 제가 머리카락을 만져드릴게요.

외할머니가 떠나실 때 어머니는 시집올 때 가져오신 참빗으로 자기 어머니의 머릿결을 마지막으로 정리해드렸다고 합니다. 카를로스 누베스는 어느 날 새벽 파고다 공원Pagoda park을 지나다가 좌판 노점에서 팔던 참빗 하나를 오랫동안 만지작거립니다.

카를로스 누베스   할아버님, 이거 중고잖아?

할아버지   응. 몇 번 안 쓴 거야.

카를로스 누베스   얼마?

할아버지   천 원만 줘.

카를로스 누베스   여기요. 응, 오백 원.

할아버지   응, 오백 원.

여름밤 카를로스 누베스는 지난번에 구매한 누군가의 머릿속 속살을 지나온 중고 참빗을 손에 쥔 채 창가에 앉아 우두커니 바라보며 있습니다.
　　　　우두커니가
　　　　　　가려운 머리를
　　　　　　　　자꾸 긁적이며…….

파스토로네 지오반니의 똥차와 소독차

Pastrone Giovanni

doo doo car & anti mosquito car

똥차는 피했고 소독차는 따라갔다

똥차 poop car

파스트로네 지오반니는 똥차를 보면 똥 냄새가 안 나는 곳까지 뛰어갔다. 다른 나라에서는 똥차를 뭐라고 부를까? 똥차의 색깔은 왜 맨날 같은 색일까? 해가 바뀌어도 똥차의 색깔은 바뀌지 않는다. 우리 동네 사람들이 싼 똥을 퍼가는 똥차, 똥차 옆에 있으면 똥 냄새가 옮겨붙을까봐 피했지만 모든 사람이 똥차를 미워한다면 똥차는 정말 슬플 것 같았다. 똥차는 똥을 파는 차는 아닌데 똥차는 동네에 들어오고 나갈 때마다 눈을 질끈 감고 지나가는 것 같았다. 똥차를 몰고 누군가가 국회의사당으로 달려갔다는 의로운 기사 knight 를 보고 싶은 적도 있었다.

소독차 antiseptic car

파스트로네 지오반니는 소독차를 보면 아이들과 함께 꽁무니를 따라갔다. 소독차가 내는 희뿌연 구름들 속에 있으면 이상하게 흥분이 됐다. 우리 동네 모기, 바퀴벌레, 파리들을 죽이는 데 쓰이는 소독차, 아이들과 소독차를 함께 따라갔다가 500원짜리 수박을 파는 과일차를 발견한 적도 있었다. 소독차가 연기를 뿜으면서 동네 어귀에 들어오면 엄마는 집 안의 문을 모두 열어두고 소독을 맞이했지만 파스트로네 지오반니는 집 안에 숨어서 연기가 들어오면 킬킬거렸다. 근두운筋斗雲을 맞이한 손오공처럼.

똥차와 소독차

동네에는 똥차를 쫓아가는 정신지체아가 있었다. 아이들은 그를 멍충이, 더러운 놈이라고 놀렸다. 여느 아이들과는 반대로 똥차는 좋아했지만 소독차가 내는 연기를 무서워하던 그 녀석은 나중에 파스트로네 지오반니에게 이상한 생각을 불러일으켰다.
'연막'을 무서워하고
'똥'을 사랑하기까지 걸린 시간이
놈에겐 너무 일찍 찾아온 거야,
라고 생각하자 마음이 쓸쓸했다. 그건 물론 파스트로네 지오반니의 지나친 에고이즘에 불과했지만 똥냄새와 연기 냄새 사이에 이상한 기분이 자주 옮아붙곤 했다.

가령 대학에서 생명공학을 전공하고 졸업한 뒤 수십 군데에
이력서를 내보았지만 취업을 못 하던 K형은 방역기구를 메고 이
동네 저 동네 소독약을 뿌리며 돌아다녔다. 형은 어느 날 마스크를
벗어던지며 말했다.

K   나는 이제 더 이상 이 짓 못 하겠다..
         시를 다시 쓰고 싶어. 나는 하루 종일 구석구석
         소독약인 연기를 뿌리고 다니지만 내 몸은 소독을
         못 하고 있어.

그즈음은 파스트로네 지오반니도 졸업을 하고 백수로 놀던
시절이었다. 파스트로네 지오반니는 그 일을 자신이 대신 해볼까
했다. 되지도 않는 시에서 나는 똥 냄새보다 마스크를 쓰고 여기저기
연기나 뿌리며 다니고 싶었다. 하지만 자꾸 어린 시절 그 지체아
친구 생각이 나곤 했다.

파스트로네 지오반니 내 몸의 똥까지도 아직 너무 먼데 어떻게
         타인의 구석을 소독할 애연愛烟이 내게 있겠는가.

파스트로네 지오반니는 자신이 아직도 똥차와 소독차 사이의
거리에서 작은 거래들을 하고 있다고 생각했다. 그 무렵 K형이

파스트로네   Pastrone
지오반니   Giovanni   의   똥차   와   소독차

『장자』를 읽고 있었는데 파스트로네 지오반니는 무엇이든 거리를
둔다는 것은 어려운 일이라는 것을 느끼고 있었다.
                       똥차와 소독차
사이의 거리에는
       언제나
          피하거나
              쫓아가거나의
                   문제가
                       골똘히 담겨
있다.

파스트로네
지오반니

Pastrone
Giovanni

의

동자
와
소독자

오번 이클립스의 다락방

Auburn Eclipse

shelter

촘촘한 여름밤이면 누이는 일기장에 반딧불만 한
글씨를 꾹꾹 눌러 붙였습니다

라디오 속엔 엘비스, 엘비스 외삼촌은 밤하늘 같은
기타 줄을 뜯었구요

천장의 어둠 속을 굴러다니던 어린 쥐들의 숨소리며,
비만 오면 무죽 같은 안개가 벽장까지 차던 그 방의
풀 냄새는 따뜻했습니다

아침마다 이불을 털면 눈빛이 순한 풀무치들이
별자리처럼 툭툭 쏟아져 내려

초경을 시작한 누이를 이유 없이 울리기도 했습니다

부뚜막에 끙 앉아 때걸레를 삶으며 누이가
연습하던 휘파람은 지금 어느 골목을 지나는 바람이
되었을까요

바람이 꿈을 꾸면 어머니는 서랍보다 더
덜컹거리셨습니다

나는 그런 어머니의 등을 자주 긁어주며 자랐습니다

어번 이클립스
Auburn Eclipse
의
다락방

펄럭거리는 창문 속 빛이 빵빵한 알전구 아래
우리는 늘 푸른 지렁이들처럼 엉켜 잠들었습니다

어둠 속에 구불구불한 몸을 뒤척이다 문득 닿곤 하던
가족의 포르르한 살들이 독학獨學처럼 내내
외로웠습니다

詩, 꿈꾸는 다락방 중

다락방 클럽 loft club

오번 이클립스가 대학에 들어가서 쓴 시다. 오번 이클립스는 그때 꼭 한 번 이 세상에 존재하는 '다락방 서사'에 관해 아주 두꺼운 책을 써보고 싶다는 생각을 했다. 다락방에 관해서라면 무엇이든 자신 있었다. 이를테면
                다락방에 갇히기,
                          다락방에 숨겨놓기, 다락방 훔쳐보기
      등등.
            오번 이클립스는 자취방을 고를 적에도 다락이 있는

방을 찾곤 했다.「나니아 연대기 Nania history」에 나오는 옷장처럼 어떤
다락을 보아도 엄청난 이야기가 숨겨져 있을 것 같았고 정말로
거기엔 무언가가 늘 있었다.
       이를테면 쥐똥 같은.

오번 이클립스가 문학 동아리방에 들어가서 '다락 프로젝트'를
만든 건 한참 후의 일이다. 다락 프로젝트는 일종의 글쓰기 훈련 중
하나였는데 상상력을 키우기 위해 여러 '다락'적인 체험을 하자는
것이었다.
    오번 이클립스는 아직도
          '다락'을 독학하는 자들이
                 글을
쓴다고 믿고 있다.
      오번 이클립스는 그 무렵 자주 악몽을 꾸곤 했다.
다락 속에 들어간 할머니가 인형을 안고 죽어 있는 기분 나쁜
꿈이었다. 얼마 후 할머니가 진짜 돌아가셨다는 소식을 듣고
오번 이클립스는 더더욱 이 다락에 대해 신뢰했다. 할머니는
돌아가셨지만
    아직도
      '왜 할머니가 다락에 있었을까?'
               하는 건
오번 이클립스에게 남아 있는 의문 중 하나다.
            누가 할머니를

다락으로
        옮겨놓았느냐
               를 놓고 친척들은 한동안 술렁였고 끝끝내 서로 만나지 말자는 식으로 합의를 본 뒤 다들 자신의 다락으로 돌아갔다. 오번 이클립스는 졸업 후 영장이 나오자 밀렵꾼이 되기로 결심했다. 아무래도 땅꾼Army보다는 밀렵꾼hidden Army이 폼이 더 나아 보였기 때문이다. 무슨 일을 하는지 종잡을 수 없는 특수부대에 들어간 오번 이클립스는 다른 건 몰라도 다락에 갇혀 버티는 건 남보다 자신 있었다. 그저 자신을 야생의 짐승이라고 생각하고, 덫에 걸리지 않게 조금만 견뎌보자 이렇게 생각하면 마음이 편해지곤 했다. 오번 이클립스가 밀렵꾼이 되어 한 1년 정도 야생을 떠도는 동안 건빵주머니에 있는

        국군수첩은
             덤불처럼
                  글씨들로
                          무성해지곤 했다.

참 오번 이클립스는 그곳에서 건빵을 다시 사랑하기도 했다. 다음은 오번 이클립스 국군수첩의 마지막 장에 써놓았던 메모다.

        내 문장은 황혼 무렵부터 효력을 발휘하지.
        문장 안에서 자고 있는 검은 해를 본 적 있니?
        나는 오늘 물만 잔뜩 먹었어.

그건 내 정원에 국한되어 있는 회화지.
새벽이 되면 십자가에 매달려 있는 귀신들을 보고
있는 게 힘이 들어. 바람은 녹아내리는 색 같아.
나는 해변의 벙커. 바다에 거북이를 품다가
죽은 새알을 따뜻해지도록 굴리면서 또 그 시를
생각해. 나와 관련된 예문은 늘 비늘이고
나는 비늘을 사랑한 새의 통증, 시간은
공간에 체류 중인 인종 같아.
나는 예전에 다락에서 울다가 여자의 소매를 당겨서
노래를 시킨 적이 있어.
이런 일들이 너랑 무슨 상관이 있지?

오번 이클립스는
     아직도
          '다락방 서사loft plot'에 관해
조금씩
   이야기를 모으는 중이다.

브로크만 클라이어드의 야광시계

Brockmann

.luminous clock

이불 속으로 들어가 어둠 속에서 야광버튼을 누르면 시계 속이
환해졌습니다.

브로크만 클라이드는 야간비행기를 몰고 날아다니며 아득해친
땅을 바라보다가 문득 조종석에서 손목을 들어올리며 야광시계를
바라보며 살고 싶었습니다. 심리학을 전공한 뒤 타로카드방을 차린
친구가 말했습니다.

타로카드방 친구 어이, 친구.
　　　　　　　자넨 생텍쥐페리 증후군Saint-Exupéry symptom이군.

카를로스　　　응. 너에게 내가 모은 야광시계의 불빛을 보여주는
　　　　　　　일은 없을 거야.

야광이 들어오면 시계 안은 이쪽 끝에서 저쪽 끝으로 움직이는
폭격기 모양의 바늘이 연둣빛으로 밝아지던 것도 있었고 베이스볼
팀이 배트를 휘두르고 시침과 분침으로 뛰어가는 것도 보였습니다.
이불 속으로 기어 들어가 야광버튼을 누르면 브로크만 클라이드는
뷰티풀 몬스터beautiful monster가 되기도 했고 사자후獅子吼를 날리는
만화 주인공이 되기도 했습니다. 집 안에 아무도 없어도, 일 나가신
부모님이 늦게까지 돌아오지 않아도 야광시계를 차고 이불 속으로
들어가기만 하면 세상에서 가장 흥미진진한 모험가가 되었습니다.
안달루시아의 개처럼. 멀리서도 집으로 오는 인기척은 금방
알아차렸습니다.

브로크만 클라이드 Brockmann Clride 와 야광시계

빌리
헬보이
의
Billy Hellboy

모빌

BABY fake illusion

아가는 눈동자를 갖고 태어나지만 시야를 지니고 초점을
갖추기까지는 시간이 좀 걸린다.

아가들은 시선을 막 갖기 시작할 때 모빌을 보고 까르르 웃는다.
어다음에 점점 나이가 들어도 흔들리고 사는 일이 참 좋은 일이라는
것을 잊지 말라는 어른들의 의미심장한(?) 뜻을 이해하기도 전에
아가들은 흔들림이 그저 좋다. 흔들흔들 재워줘도 까르르 웃고,
흔들흔들 살아도 아직은 욕먹지 않는다. 흔들흔들이 휘청휘청은
아니니까.

살면서 흔들리는 일을 사랑하는 사람이 되었으면 좋겠다고,
아가들이 누운 채 모빌을 보면서 그렇게 느끼고 있으면 좋겠다고,
생각하며 빌리 헬보이는 가게에서 모빌을 고르며 미소지었다.

'노인을 위한 모빌은 없다.'

빌리 헬보이가 끄적끄적 쓰고 있는 독립영화 시나리오의 제목이다.
그 시나리오의 첫문장은 이렇다.

"도둑은 모빌이 있는 집에 오면 침대에 눕는다.
누워서 모빌을 보며 새록새록 잠이 든다.
자신이 갓난아기였을 때 집에 찾아온 도둑이 조용히
이불을 가슴 위까지 덮어주던 때를 떠올리며."

레이
만
의

Ray Man

원고지

creative paper

원고지 작성법

킹스 로드의 펑크punk를 숭배한다면 펑크를 가볍게 즐겨야 한다. 골드와 실버색의 언어는 섞지 않아야 하고 같은 소재라면 문장의 굵기나 길이에 다양한 변화를 주어야 하며 포인트 액세서리는 끝까지 비워두어야 한다. 중요한 건 연출하고자 하는 옷(문장)과 액세서리(단어)가 절대 겹치면 안 된다는 것이다. 자신이 취약하다고 생각되는 부분에는 절대 액세서리를 하지 말고 스터드 장식이 박힌 가방이나 가죽팔찌, 체인이 달린 지갑, 해골 반지, 아랍식 두건 등 부담이 큰 아이템 언어들은 버린다 심플한 톱과 진 위에 한두 개만 포인트를 배열하고 문장을 매치한다. 문장을 다루기 전에는 꼭 손톱은 짧게 하고

     검은색 매니큐어를 바르고

          시작한다.

              약점인 곳에

절대 시선을 집중시켜서는 안 된다. 발끝on foot에서 네크라인on neck 까지 판타지를 밀고 갔다면 일단은 자신의 다이내믹 코리안Dynamic Korean을 믿고 끝까지 가봐야 한다.

* It Style에서 부분 인용

윌리엄 드밀의 재봉틀

William Demille

cotton train

꽃 피는 재봉틀

새벽까지 어머니 미싱 돌린다
촘촘한 졸음의 실들 끊으시며
두 눈은 산수유 열매가 되어간다
시집올 때 들고 오셨다는
기관차 같은 평양 미싱
수백 개의 실밥 가득 싣고
옷감 위에 선로를 놓으신다
헝클어져 잠든 가족의 머리맡 지나
털털털 철길을 달리신다
바람에 벽지의 꽃들이 세차게 흔들린다
밤마다 어디까지 다녀오셨을까
만주상회 지나 지브롤터 해협 어느 선단까지
가시는 길마다 색색의 꽃을 누비 박는
기차가 잘못 밟고 지나갔던 손가락엔
상처의 봉제선이 형편없다
공장 담벼락 아래서 세어보는 쭈글쭈글한
지전에도 봄바람 같은 보푸라기 일어난다
줄 끝에 서서 기다림 끝에

겨우 얻어온 주문이라도 세월은
꼼꼼히 바늘을 넣어야 무늬 하나
제대로 얻을 수 있는 것이구나 어머니
아침이면 달아오른 기관차를 내리시고
꾸벅, 졸다가 그냥
지나쳐버린 곳은 없나 밤새 달린 길 위,
수북한 싸락눈을 후 부신다
알전구 속 싱싱한 필라멘트 같은 꽃들이
안감까지 뿌리 내렸다

인터뷰어   이 시는 언제 쓰신 거예요?

윌리엄 드밀   대학 졸업 전에요.

인터뷰어   이 시를 왜 쓰신 거죠?

윌리엄 드밀   난 공책을 펴고 녹슨 철공소들을 지우기 시작했고
                세상에 존재하지 않는 기관차를 타고 새로운 철로를

놓고 싶었어요. 은하철도공무원詩人 시험준비를 시작했죠.

인터뷰어   은하철도공무원 몇 급 시험이죠?

윌리엄 드밀   9급.

인터뷰어   연봉은?

윌리엄 드밀   등대는 자신을 비출 순 없어요. 꺼져버려!

댄스 밴드 하이라이프의 회전목마

Dans Band

bang bang troy

승마를 배우는 병동 클럽 horseback riding crazy club

댄스 밴드 하이라이프는 전국일주를 한답시고 바이크를 몰고 여행을 다니다가 논두렁에 홀러덩 자빠진 적이 있다. 뒤에 타고 있던 한 여인은 목에 작은 금이 갔다. 댄스 밴드 하이라이프는 다리에 금이 가는 바람에 몇 개월 동안 병실에 누워 지낸 적이 있다. 여섯 명이 침대를 하나씩 차지하는 공동 입원실이었다. 처음에는 서로 담소도 나누며 바깥에서의 경험도 주고받고 즐겁게 지냈다. 하지만 그들은 점점 말이 없어지고 하루 종일 벽 쪽으로 돌아누워 있거나 멀거니 형광등을 쳐다보며 소리 없는 눈물을 주르르 흘리거나 휠체어에 앉아 창문 주변을 서성거리거나 그도 아니면 티브이 리모컨으로 채널을 돌리는 것으로 시간을 보내기 일쑤였다. 신기하게도 여섯 명 모두 병문안을 오는 사람은 극히 드물었다. 지방 소도시에 위치한 그 병원은 중환자실이 따로 없어서 여섯 중 둘은 하루에 몇 번씩은 숨이 넘어가도록 기침을 하거나 의사들이 급하게 달려와 가슴을 압박하며 환자 이름을 목이 터지도록 부르곤 했다. 그러다가 한 사람이 끝내 신부님의 성호 속으로 사라졌다. 그리고 2주 후 또 한 사람의 눈꺼풀이 어느 스님의 아미타불 아미타불 발음 속으로 호흡이 꺼져갔다. 나머지 환자들은 점점 말이 없어졌다. 우울감이 소나기처럼 이마 위에서 어른거렸다. 자정이 되면 댄스 밴드 하이라이프는 목발 chrutches 을 짚은 채 병실 복도를 서성거리기 시작했다. "어서 이곳을
        빠져나가야겠어.
                이렇게

                              우울하게
지내다가는
          나도 곧
                  신부님 성호 속으로
                              사라져버릴 것만 같아.
신부를
      날로 먹게
              할 순 없지."
                      그때 문득 댄스 밴드 하이라이프는
어두운 병실 복도를 지나다가 창밖을 보았다. 창밖에서 회전목마가
돌아가고 있었다.
"회전목마가
        돌아간다."
                  믿을 수 없는 광경이었다. 환자복을 입은
환자들과 간호원들, 의사들이 목마에 올라타 무표정으로 회전을
하고 있었다. 댄스 밴드 하이라이프는 자신이 저녁에 먹은 항생제
탓에 잠시 환영을 보는 것이라고 생각하고 얼른 병실로 돌아왔다.
새로 들어온 환자 두 명을 포함해 다시 여섯 명이 모두 누워서
만화책을 보고 있었다. 낄낄거리는 사람도 없었고 흥미진진한
표정도 없이, 그저 수많은 사람의 손을 거쳐간 병실 구석에 쌓여
있는 만화책『신기하게 대부분
                  올드하고 재미없는
                                  것들
                                      투성이다들』
중 한 권을 손에 쥐고 있다는 듯이, 그때 가서야 댄스 밴드

하이라이프는 만화책이란 절대 병실에서 봐서는 안 될 책이라는 것을 깨달았다. 만화책을 돌려보는 동안 입원실의 우울증은 점점 깊어져간다는 것을, 굳이 설명하지 않아도 자신이 보고 있는 때 묻은 만화들이 전혀 새롭지 않다는 것을 알고 있으니까. 댄스 밴드 하이라이프가
      병실에 머물면서
          동기들과
              몇 개월 동안
                     꾸준히
반복해서 복용한
     승마 horse riding
         항목에 대해 일러둔다.
                 다시는
이놈들 위에 올라타고 싶지 않으므로. 댄스 밴드 하이라이프는 나중에 그 시절을 기억하며
         『목발을 들고
             타는
                회전목마』라는
잔혹동화를
     끄적거리기 시작했다.

(성인)

바람의 파이터, 건달본색, 검수도사, 봉사조의 후예,
대박과 쪽박, 도시전사 / 신의 전사 / 데 브리커,
도시정벌, 도시질주, 대두목, 무제, 화류계 거상,
프로피엄러, 용주골 시리즈, 청송 여자감호소,
마법의 손, 조폭 아가씨, 달려라 백수, 실미도 건달,
여인추억, 돈빨, 빨판, 신이라 불리운 사나이, 의적,
신의 아들, 패자부활전, 카리스마, 마피어캅스,
폭주검찰, 폭주도시, 타짜, 타짜중의 타짜, 히든카드,
쩐의 전쟁, 왕웨이터, 천국의 신화, 라인계, 황제의
꿈, 폭풍남아, 용주골 소매치기 탑걸, 디케이캅,
전설의 가문, 아시안, 신화, 식객, 삼국지, 비운천추,
의기천추.

(코믹)

겟 백커스, 기생수, 겔러리 페이크, 감사역 노자키,
간츠, 견신, 고앤고, 고디건, 공태랑 나가신다,
교과서엔 없어, 고짜가족, 경찰서장, 공작왕, 격투맨
비키, 권법소년, 군계, 갓 핸즈 테루, 갭, 구티닷컴,
그래이지, 글레어, 강호패도기, 꼭두각시 서커스,
강철의 연금술사, 기적의 갑자원, 고르고 13,
나루토, 니나잘해, 남자이야기, 노부나가, 닌자보이,
네무리 교시로우, 따끈따끈 베이커리, 딩동딩동
택배맨, 드림, DR. 노구피, DR. K, 데카슬론,
디어보이즈, 더 파이팅, 다질라, 데스노트, 두
바퀴의 기적 린도, 드래곤볼, 드래곤볼 Z, 도박
묵시록 카이지, 도깨비조, 동방불패, 돌격 크로마티
고교, 루키즈, 라면 요리왕, 리베로 혁명, 레이브,
럭키짱, 링위의 히어로, 란마, 라이잉 임팩트,
레인보우, 로토의 문장, 러브 메이트, 루팡 3세,
리버스, 러브인러브, 마법선생 네기미, 맛의
달인, 미역의 꽃, 민속탐정 이쿠모, 명탐정 코난,

미스터리 극장 에지, 모나코의 소리, 몬트터, 무신,
멋진남자 김태랑, MR 초밥왕, 마스터 키튼, 무한의
주인, 메이저, 마계재전, 무사의 노래, 머트리얼
퍼즐, 미녀형사 아사미, 면도하는 여자, 마계학원,
베르세르크, 베이비 짱, 불문율, 삐따기,
보스의 두 얼굴, 반항가지마, 바둑왕, 변호사 9단,
베틀로양, 백병무지, 백억의 사나이, 바람의 검심,
바람의 전학생, 병계병계, 붉은 꽃, 북두의 권,
뼈 요리탄, 빵 아웃아이드, 베가본드, 빅 파이터,
봉신연의, 바비 블루스, 삐삐쳐, 바스타드, 버스,
슬램덩크, 신암행어사, 사마부장 시리즈, 써클게임,
스님탐정 잇큐, 살인인형 데미오스키, 시티헌터,
삼국장군전, 스위치, 샤먼킹, 스타프 166킬로미터,
슛, 소화상, 상남2인조, 소오강호, 생존게임, 소리의
날개, 셜록홈즈, 수라의 각, 사조영웅전, 스피어램,
슛 피운트, 18세 타짜, 신시로 2, 손금, 신장개업,
선녀강림, 소년 낚시광, 용련전, 아랑전, 열혈강호,
우리들의 필드, 엘리트 건달, 으라차차 진재보이,
오프사이드, 우물쭈물하지마, 일당 백, 엽기보스,
예측불허, 원피스, 은하전설 워드, 오메가트라이브,

아이실드21, 20세기 소년, 오드보이, 오리 삼대째,
아왕, 이뉴야사, 열혈검객무사시, 이나중 탁구부,
오 나의 여신님, 유유백서, 아웃복서, 오늘부터
우리는, 열혈 마계낭, 앰블럼TAKE, 원아웃, 에덴의
전사들, 전설의 캡짱 쇼우, 치골로, 정크보이,
장난이 아니네, 지옥선생 누베, 체인지 가이,
출동 119구조대, 창천항로, 최유기, 착하게 살자,
최종병기 그녀, 철인전사 가이버, 천대 유교수의
생활, 처녀왕 요시츠네, 춤추는 세무관, 침묵의
함대, 쿵푸보이, 쿠루노크루사이드, 코히누티
미노루, 카프스, 콘데코이, 키드갱, 커렐리온,
크레이지보이, 크레이지 덕, 킹오브벤디트정,
테니스왕자, 탄도, 태양의 묵시록, 투파샤열전,
타로, 퇴마침, 폭력의 도시, 파라다이스, 프리스트,
플라이하이, 푸드헌터, 폭주기관사, 폭주연합,
팔용신전설, 패자부활전, 폭골소녀 탱탱, 플레이어
소스케, 학원라이벌전, 하가네, 화려한 식탁,
홀리랜드, 엘로우 스님, 환상수소전, 하늘의 스바루,
히로카네캔시, 혜황기, 호문쿨루스, 할렐루야보이,
히카리의 하늘.

댄스 밴드
히이리페
히
최종목차

Dans Band
Hiripe

페르난두 마차두
소아레스
의

바이크
bike

에필로그 epilogue
1

바이크 연대기

어린 시절 페르난두 마차두 소아레스의 아버지는 항상 바이크를 타고 다니셨다.

페르난두 마차두 소아레스의 아버지는 강력계 형사였다. 친구들은 페르난두 마차두 소아레스의 아버지가 바이크를 타고 골목을 빠져나가면 나쁜 사람들을 잡으러 간다고 했다. 하지만 아버지는 말씀하셨다.

아버지   내가 잡는 사람들이 모두 나쁜 것만은 아니란다. 그들은 대게 운이 없는 사람들이지.

페르난두 마차두 소아레스는 행운과 운은 항상 다른 것이라고 생각했다. 이를테면 행운은 길거리에서 우연히 500원짜리 동전을 줍는 것이고, 운은 친구와 함께 길을 걷다가 길거리에서 우연히 500원짜리 동전을 발견했는데 누군가 한 명이 먼저 줍는 것이라고 여겼다. '와우! 행운이야!'라고 하는 것과 '야 너 운 좋았어!'라고 하는 것은 조금 다르다. 행운에는 자신에게 무언가 발견되는 순간을 마음껏 즐길 수 있는 여유가 있다. 하지만 운은 반드시 타이밍timing을 요구한다. 행운이라는 단어를
　　　　　　　　　　처음 들었을 때

                              페르난두 마차두

소아레스는
         그것은
                완전히 혼자만의 것이어야 한다고 믿었다.
이 세상에서 나와 엄마가 처음 만난 것은 정말 행운이에요, 라고
하면 옳은 문장이다. 하지만 운이 좋아 엄마의 아이로 태어났다면
그 느낌은 어쩐지 복잡하고 관계적이다. 관계는 대개 무언가 겪은
이후에 인간이 나누는 형식이다.
                    아버지의 말을 빌려
                                '범인criminal

들은 대개
       행운이 없는 사람이란다'
                      라고 하면 좀 이상하지 않은가

흔한 일은 아니었지만 페르난두 마차두 소아레스의 아버지는 가끔
바이크 뒤에 범인을 태우고 집으로 데려온 적도 있었다. 뒤에 탄
범인은 손목에 수갑이 채워진 채 바이크에서 떨어지지 않기 위해
아버지의 허리를 꼭 끌어안고 있었다. 페르난두 마차두 소아레스와
누이들은 그 모습이 우스꽝스럽고 즐거웠다. 아버지의 바이크 뒤에
타는 사람들은 모두 아버지의 허리를 꼭 끌어안아야 했다. 페르난두
마차두 소아레스의 형제들은 그 사실을 잘 알고 있었다. 아버지는
시동을 건 후 늘 등을 돌리지 않은 채, 백미러로 페르난두 마차두
소아레스를 보면서 말했다.

아버지   잠복근무 undercover duty 中. 내 허리를 꽉 잡거라.

어머니도 아버지의 허리를 꽉 잡으면서 연애를 시작했다고 하셨다.
페르난두 마차두 소아레스의 아버지가 태우고 오는 사람들은 대개
말이 별로 없었다. 수갑手匣을 찬 채 밥을 먹고 나가서 두 번 다시
집에 오는 일이 없었다.

한번은 가족이 모두 잠든 밤, 마당에서 아버지의 바이크 엔진 소리가
들린 적이 있다. 그때 페르난두 마차두 소아레스는 친구들이 1년
내내 일기장에 한 번도 쓰지 않는 단어인 '잠복근무'라는 단어를
사용하기 시작했다. 대개 아버지가 보고 싶을 때 복용(?)하는
단어였다. 아버지가 데려온 사람은 젊은 여자였다. 엄마는 여자의
손목에 채워진 수갑을 보시고 한숨을 푹 쉬셨다.

엄마   여보, 우리 집은 좁아요.
              좀 더 넓은 집으로 이사가면……

아버지   밥 해.

페르난두 마차두 소아레스의 집은 방이 하나뿐이었기 때문에
페르난두 마차두 소아레스와 아버지 사이에 여자가 누웠고,

페르난두 마차두 소아레스
Fernando Machadu Soares
의 바이크

엄마가 그 여자 옆에 누웠고, 그 옆으로 누이들이 나란히 누웠다.
아버지는 그가 여자이기 때문에 새벽에 혼자 유치장에 들이면 좋지
못한 일이 일어날지도 모른다며 하룻밤 재워서 새벽에 경찰서로
데려갈 생각이라고 했다. 그날 가장 먼저 잠든 사람은 아버지였고,
그다음으로 누이들이 잠들었고, 그다음으로 페르난두 마차두
소아레스가 잠들었다. 어머니와 여자는 한숨도 자지 못했다는 것을
페르난두 마차두 소아레스는 알고 있다. 여자는 오랫동안 아버지가
노렸던 '사기꾼'이었다고 엄마가 나중에 말씀해주셨다. 아버지는
동료들과 공benefit을 나누고 싶지 않았기 때문이거나, 여자가
측은해서 데려온 것이었을 테지만, 여하튼 그날 이후 한밤중에
들려오는 바이크 엔진 소리는 무언가 불청객stranger을
연상케 한다.

        아버지의 말을 빌리면

                뭐 불청객이라고 해서

                        모두

나쁜 사람은
      아니겠지만, 대개 이쪽에서 운이 없는 경우에 생기는
일로 봐야 하는 것은 확실하다.

페르난두 마차두 소아레스의 아버지는 항상 바이크를 타고
다니셨다. 아버지가 차를 갖기 시작한 건 몇 년이 흘러 한참 후의
일이다. 그리고 그 바이크는 잠깐 동안 페르난두 마차두 소아레스의
차지가 되기도 했다. 물론 아버지 몰래 키를 훔쳐 몰고 나가는 것이
대부분이었다. 아버지는 어쩌다가 쉬는 날이면, 게다가 비라도

추적추적 내리는 날이면 어김없이 처마 아래서 오래된 바이크를 손수 세차했다. 아버지는 바이크를 다 닦은 후 안장에 앉아 담배를 피우시곤 했다. 페르난두 마차두 소아레스는 아버지 뒤에 앉아 부릉! 부릉!을 외쳤다. 어느 날 페르난두 마차두 소아레스는 한밤중에 바이크를 타고 새벽에 집으로 들어온 적이 있다. 물론 예상했겠지만 바이크 뒤에서 페르난두 마차두 소아레스의 허리를 꽉 껴안고 따라온 여자와 함께였다. 아버지처럼 처음으로 집에 데려온 여자였다. 페르난두 마차두 소아레스는 가출 후 몇 달 만에 집으로 돌아왔고, 부모님께 여자 친구를 소개시켜드리고 싶었다. 어머니는 한숨을 또 푹 쉬시며 운이 없다는 표정을 지으셨다.

엄마 애야, 우리 집은 좁아. 우리 집이
      좀 더 넓은 집으로 이사가게 되면……

페르난두 밥 주세요, 엄마.

페르난두 마차두 소아레스는 여자 친구를 만난 것이 큰 행운이라고 생각했기 때문에 어머니의 반응 reaction에 놀랐다. 아버지는 페르난두 마차두 소아레스가 데려온 여자의 눈치를 슬쩍 보시더니

아버지 어험, 너 오늘 운 좋은 줄 알아라.

페르난두 마차두 소아레스 Fernando Machadu Soares 와 바이크

하셨다. 갑자기 그 옛날 아버지가 데려오신 여자가 새벽에 미소를 지으며 잠든 내 얼굴을 말똥말똥 위에서 내려보던 순간이 떠올랐다. 페르난두 마차두 소아레스는 깜짝 놀라 눈을 감아버렸다. 잠들지 못하던 그 여자의 눈동자가 말하고자 했던 것은 어쩌면 '나 오늘은 참 행운아구나……'는 아니었을까?

바이크 전성시대

그렇게 페르난두 마차두 소아레스가 서울 도심에서 바이크를 타기 시작한 지도 10년이 넘어간다. 페르난두 마차두 소아레스의 바이크 첫 번째 이름은 〈라일락lilac〉,

두 번째 이름은 〈나타샤Natasha〉,

현재 타고 있는 놈은

〈쾌지나 칭칭cheche chingching〉이다.

아버지로부터 처음 배운 것이 초등학교 6학년 때이니까 꽤 오랜 시간 바이크와 친밀했다. 고등학교 시절 교문 뒤에 살짝 받쳐두고 출퇴근(?)용으로 타던 산악용 중고 MX. 어느 날 두 달 치 우유 값과 수학여행 경비만 챙겨서 돌연 가출해버린 친구를 찾기 위해 소위 경주용 '뽕카' 하나

빌려 한겨울 어느 이름도 기억 못 하는 소도시를 훑고 다니던 적도
있다.
   엄마와 아이는
      절대
        뒤에 태우지 않겠다는
            스스로 만든 룰도
제법 잘 지켜왔다. 그동안 잃어버린 바이크도 몇 대 되고(분명 고딩
짓이라고 생각한다), 바이크에 얽힌 추억도 한 보따리는 있으니 이쯤 되면
페르난두 마차두 소아레스도 제법 바이크 마니아라고 할 만하겠다.
아직 다른 매물은 몰라도 바이크 매물에 관해서 이야기할 때는
남들보다 침을 두 배는 튀기는 편이니까.

    철심을 박아보았느냐

바이크에 관해서 이야기할 때에는 몇 가지 수칙rule을 지켜야
한다. 우선 고유한 속도 경험. 웬만큼 바이크를 타본 사람들에게야
익숙한 일이지만 속도를 얼마나 밟아보았느냐, 를 묻는 유치한
무용담보다는 어떤 필feel로 달리느냐가 중요하다. 대체로 유저들은
이렇게 말하곤 한다.

페르난두 마차두 소아레스 Fernando Machadu Soares 외 되어

유저 A 1차선 길을 파고드는데 버스가 자꾸 안쪽으로
바짝 조일 때는 굉장히 드라이dry해지지만
마주 오는 트럭 운전사가 눈을 감고
졸음운전하고 있을 때,
그걸 목격하는 황망함보다는 괜찮다.

유저 B 애인이 등 뒤에서 오빠 달려!라고
자꾸 재촉하는데 아무리 밟아도 시속 60킬로미터
이상이 안 나올 때 느껴지는 지질함은
혼자 최고 시속으로 달리다가 논두렁에 자빠져서
울고 있는 것보다 덜 초라하다.
그때 바퀴는 저 혼자 빙빙 도니까.

대학 시험에 낙방하고 페르난두 마차두 소아레스는 50씨씨짜리
오토뱅으로 신문배달을 몇 개월간 한 적이 있다. 그때 새벽마다 차
없는 빈 도로를 달리던 느낌에는 설명할 수 없는 통렬함이 있었는데
그 시절의 더욱, 설명할 길 없는 낙오감fail feel을 대신해주었다.
가끔
     조간신문을
          길에
               후드득 후드득
                     흘려도 좋았다.

그리고 몇 달 후 신문배달을 시작한 지 얼마 되지 않아 도로에
자빠져서 운 적이 있다. 새벽에 골목 모퉁이를 돌다가 넘어진 것이다.
물론 페르난두 마차두 소아레스는 야쿠르트 아줌마의 수레를 받고
싶지 않아서 넘어진 것이었지만 신문 지국장은 겨울에 일하기가
싫으니까 쉬려고 하는 짓이라고 우겼다. 월급 떼이고 세상에 나와서
'사기'당했다. 그때 다친 발목이 지금도 흉흉하다. 그때 먼 훗날
페르난두 마차두 소아레스는 배달한 신문에 꼭 내 이름을 실어
지국장에게 복수하겠다는 다짐을 신춘문예 1면으로 겨우 지킨
셈이다(그때까지 신춘문예가 지속되어서 고마웠다). 그런데 가끔 또 생각한다.

페르난두　　지국장이 이렇게 수상한 시절에 신문을 여전히
　　　　　　보려나? 아직도 눈이 먼 채로 살아간다면 어쩌지?

페르난두 마차두 소아레스 친구들은 말한다. 철심을 박아보지 않은
사람과는 '데굴데굴'을 논하지 않는다. 바닥에 미끄러지면서 '데굴
데굴' 구르다가 '찰나'가 팍팍 지나갈 때는 한 가지 생각만 한다.

"아스팔트 위에 내 머리통이 수박처럼 갈라지면
그땐 내 머릿속의 매연이 모두 흘러나오겠지……"

페르난두 마차두 소아레스 Fernando Machadu Soares의 하루

젓갈을 아느냐

우리 동네 바이크 수리센터 아저씨는 전직 미사일 특공대 출신,
이마무라 쇼에이 감독의 「검은 비」라는 영화를 제일로 좋아하고,
영화 속 조연처럼 군 시절 포탄을 안고 적진으로 뛰어가던 훈련
무용담을 자주 말한다. 비 오면 센터에 우두커니 혼자 앉아 음악
대신 수리해놓은 바이크 엔진 소리를 틀어놓고 종이컵 커피를
마시는 사내. 믿거나 말거나 우리 동네 아저씨는 페르난두 마차두
소아레스가 아는 사람 중
                '쇼바shock absorber'를
                                        가장 사랑하는
사람이다.
            일명 도난 바이크 시동 걸어주기, 폭주족 '쇼바' 높여
주기로 재테크를 하고 있다. 어느 날 그 아저씨 페르난두 마차두
소아레스의 올드 누더기 캡숑 바이크를 보고 한 말씀 하신다.

페르난두   너 이런 상태로 계속 타고 가다가 자빠지면
                   도로에서 '젓갈' 돼버린다.

페르난두   …… 젓갈.

페르난두 마차두 소아레스의 오래된 친구 중 하나는 벚꽃이 만개한 날 길 위에서 정말로 명란젓갈처럼 쫙 흘러버렸고, 페르난두 마차두 소아레스의 오래된 친구 중 하나는 젓갈처럼 정말로 오래 묵힌 놈이다. 그 친구에게는 절대 바이크 타는 법을 가르쳐주지 않았다. 페르난두 마차두 소아레스의 바이크 수칙 두 번째는 다음과 같다.

'속도보다는
방향이 존중되는 삶을
살아라.'

페르난두 마차두 소아레스
Fernando Machadu Soares
의 바이크

카프라 프랭크의 롤러스케이트

Capra Frank

roller skates

에필로그 epilogue
2

진술의 힘

어젯밤 나는 이 문장에서 태어났습니다 그러니까 나는 나에게서
태어났습니다 내가 사랑한 서술어는 하루에 몇 번 무선네트워크에
연결할 수 없습니다라는 말을 들어야 합니다 나는 자주 짜증이
나지만 까다로운 문장은 아닙니다 나는 자주 명사에 동의합니다
동의는 동사가 아닙니다만 그렇다고 여기서 토를 달고 싶지는
않습니다 가끔 이상한 형용사에 구토를 하지만 나는 아주 묘한
형용사를 보면 분명한 접속어가 됩니다 그러니까 어젯밤에 나는 그
문장에서 태어났습니다 그대가 아꼈지만 내가 버린 문장 속에서,
그대가 질질 짜고 있는 동안 내가 놓고 온 문장 속에서 그대가
버리고 간 밤에 이 문장은 출생기出生記를 기록하고 있습니다

                                                                                       나는

간략한

        서술어들의 합창단이

                      되고 싶었지만

                                그들은

                                            나를 옷장에

가두고 잘 놀았습니다. 나는 캄캄한 옷장에서도 나의 아름다운
야광시계를 보면서 낄낄거렸습니다 어젯밤 내가 이 문장에서 태어날
때 여럿이 나를 도왔습니다 동사가 바람기를 멈추어주었고 주어는
담론하느라 외출 중이었고 관형어가 시간을 꽤 끌어주었습니다 이
문장은 용사barbarian처럼 벌떡 일어나서 자신을 얼마나 형용하는지도

모릅니다 이 문맥의 유혹에 대하여 내가 말할 수 없습니다
                                                                한반도
전체가
        내 노트 속에서
                붉은 밑줄이 그어집니다.
                                내 문장은
                                        늘 각오를
하고 시인이 되어갑니다
                내 시인은
                        늘 각오 없이
                              문장이
                                      되었지만

어젯밤
        이 문장에서 태어난 한 자연에 대해서만은 분명합니다
분명한 것들을 위해 내가 묶어둔 채비가 있지만 여긴 실내 낚시터가
아니니까 난 시간당 요금으로 그것을 지불하고 싶지는 않습니다
어젯밤 이 문장에서 태어난 거짓된 세계를 나는 교살하고 싶었으나
세상이 내 문장을 하나 암살할 때마다 나는 피를 토합니다 나는 이
문장에서 태어난 감정이고 내 문장은 그것을 어젯밤에 오랫동안
산책했습니다 분명하게 말씀드리지만 이것은 고향의 형용사가
아니라서 이 문장의 사인死因은 내지內地에는 어디에도 없습니다
사체가 널려 있을수록 우리는 질끈 눈을 감고 지나가야 하니까요

                                                    이것이

지금까지 내가 타고 있는
　　　　　롤러스케이트입니다

　　　　　　　　　　　카프라 프랭크 씀

카프라
프랭크
Capra
Frank
의
롤러스케이트

길 가다가 이런 부탁한 건 네가 처음이야

김경주 Kim Kyung-Ju

"등 좀 긁어줘."
길 가다가 이런 부탁한 건 네가 처음이야

"털어서 나오면 십 원에 한 대씩."
길 가다가 이런 부탁한 건 네가 처음이야

"같이 도망갈래?"
길 가다가 이런 부탁한 건 네가 처음이야

"초록색 휘파람 불어줘."
길 가다가 이런 부탁한 건 네가 처음이야

"너희 집 가서 자도 돼?"
길 가다가 이런 부탁한 건 네가 처음이야

"울 아빠 놀이공원에서 슈퍼맨 가면 쓰고 돈 벌어."
길 가다가 이런 부탁한 건 네가 처음이야

"그 쌔낀 씹새끼야 죽여줘."
죽여줄게.
죽여줄게.

다음 세상에선 꼭.

"라면 먹고 갈래?"
길 가다가 이런 부탁한 건 네가 처음이야

"안고만 자자 응."
응. (딸국질)

Under Poem(미발표 詩)

펄프극장   김경주 블랙 에세이

————   ⓒ김경주

초판인쇄	2013년 12월 9일
초판발행	2013년 12월 16일
지은이	김경주
펴낸이	강성민
편집	이은혜 박민수 이두루
아트디렉션	김바바
디자인	PL13
마케팅	정현민
편집보조	김용숙
온라인 마케팅	김희숙 김상만 이원주 한수진
펴낸곳	(주)글항아리	출판등록 2009년 1월 19일 제406-2009-000002호
주소	413-120 경기도 파주시 회동길 210
전자우편	bookpot@hanmail.net
전화번호	031-955-8891(마케팅) 031-955-8897(편집부)
팩스	031-955-2557

ISBN 978-89-6735-086-4 03800

이 도서의 국립중앙도서관 출판시도서목록(CIP)은 서지정보유통지원시스템 홈페이지(http://seoji.nl.go.kr)와 국가자료공동목록시스템(http://www.nl.go.kr/kolisnet)에서 이용하실 수 있습니다. (CIP제어번호 : CIP2013024346)